Robert Patrick Martin

Mannheim Mittelpunkt der Welt

Die Geschichte einer Stadt

Das Buch

Mit seinem aktuellen Werk liefert Robert Martin ein zeitweise autobiografisches Werk über seine langjährige Heimat- und Geburtsstadt, die bekannte Quadratestadt. In unaufgeregter Schreibweise entwirft der Autor ein faszinierendes Bild dieser Weltstadt. Nicht alles ist nur glamourös, es gibt auch eine andere Seite. Ungefiltert wird auch das Schmutzige, eine konträre Atmosphäre, eingefangen. Hierzu radelte er durch Mannheim und schrieb viele Zeilen an den original Schauplätzen. Kurze Episoden, die einen ganz anderen und neuen Blick auf Mannheim werfen sollen. Es geht nicht unbedingt darum, die Schokoladenseite zu entdecken. Offen und direkt lässt uns der Autor auch mal in die *»hässliche«* Fratze dieser Mega-Metropole schauen. Ab und zu versucht er durch die philosophische Brille zu blicken. Offen und mit dem Brennglas betrachten wir die Gegenwart und wagen einen Ausblick in die Zukunft.

Der Autor

Die meiste Zeit arbeitete Robert Martin im Staatsdienst. Davor hatte er viele Jobs durchlaufen. Irgendwann beschloss er auszusteigen und schreibt seither Bücher, fotografiert, fertigt »Kunstobjekte«, sammelt Wohlstandsmüll und macht daraus neue wiederverwertbare Gegenstände. Aktuell hat er sich viel aus der Ferne mit seiner Heimatstadt beschäftigt.

Robert Patrick Martin

Mannheim Mittelpunkt der Welt

und anderer

Monnemer Dreck

Rediroma-Verlag

Bibliografische Information der Deutschen Nationalbibliothek:
Die Deutsche Nationalbibliothek verzeichnet diese Publikation in der Deutschen Nationalbibliografie; detaillierte bibliografische Daten sind im Internet über http://portal.dnb.de abrufbar.

ISBN 978-3-98527-003-3

Umschlagillustration: Anja Thams

www.rediroma-verlag.de
10,95 Euro (D)

Ich möchte mich bei meiner Heimatstadt bedanken und bin sehr froh, dass ich im Nabel der Welt aufwachsen durfte.

«In Mannem werd jed's Geld abgeschafft, 's gibd Leid, wo schun käns mehr hawwe.«

(Nach dem ersten Weltkrieg ein typischer Gassenspruch. Heute brandaktuell)

Inhalt

VORWORT

Hallo liebe Leserin und lieber Leser, eigentlich hatte ich gerade die Arbeiten an meinem letzten Roman fertiggestellt und wollte mich danach belohnen und in ein Reiseabenteuer stürzen. Doch »Corona« machte mir, wie vielen anderen auch, einen gehörigen Strich durch die Rechnung und Lebensplanung. Wer hätte das gedacht oder vermutet, dass uns einmal solch dramatische Phasen bevorstehen würden? Sind es wirklich harte Zeiten? Mein Uropa Albrecht P. war im Ersten Weltkrieg und mein Opa Erwin M. im Zweiten. Kann man das überhaupt vergleichen?

Aus meinem Trip in die ewige Stadt wurde nichts. Statt Rom und »dolce vita«, gab es nur Balkonien, gefühlt »ewigen« Lockdown und Käfertaler Wald (urspr. Kefferthaler). Eigentlich sollte dieser Urlaub viel mehr für mich werden. In meinem Leben war ich vor kurzem an einem Wendepunkt angelangt. Ich hatte nämlich das tägliche Hamsterrad angehalten, verlassen, oder wie immer man das ausdrücken möchte, und war raus.

So leicht, wie sich das hinschreibt, war es aber nicht. Ich brauchte etwa zwei Jahre um meine Ketten zu sprengen und allen klar zu machen, das war‘s. So einfach wollten mich mein letzter Arbeitgeber, die Familie und Freunde nicht gehen lassen. Manche mochten mich partout zurückziehen »auf Los«. Oft stellte mir darum mein innerer Richter unbequeme Fragen. Mein zurückgelassenes Leben war geprägt von etwas »Größenwahn«. Möglicherweise übertreibe ich hier

ein bisschen und der eine oder andere würde meinen, das war doch ganz normal. So machen das alle. Egal, mir kam es so vor und nun ist es vorbei und sowieso wurscht. Am besten, man blickt nicht lange zurück, denn die Vergangenheit ist gelebtes Leben. Hier gibt es nichts mehr zu holen, außer positive Erinnerungen. Wie bei einem Baum, der Ast ist gewachsen, man kann nichts mehr daran ändern. Abschneiden, meinen Sie? Das geht, dürfte aber in den seltensten Fällen ohne Schmerzen abgehen und hinterlässt unschöne Narben. Wie beim Schreiben mit einem Stift ohne Radiergummi. Der Strich, die Linie bleibt, Sie können nichts korrigieren.
In meinem Buch »Total geil(er) Psycho« beschreibe ich diese Transformation, hin zu einem selbstbestimmten Leben in Würde.

Bleiben wir in der Gegenwart, denn hier spielt sich gerade das wichtigste ab. Aktuell sitze ich im unteren Luisenpark (umgangssprachlich Luise) bei sonnigem Wetter. Die Stimmung ist »tipitopi«. Ich bin zu Besuch in Monnem, denn aus Frust und etwas Trotz über die vermasselte Reise hat mich das Universum an die Ostseeküste gespült. Da der Roadtrip (Busreise) nach Italien nicht stattfinden konnte, hatte ich plötzlich viel Muße zum Nachdenken. Nicht ganz uneigennützig erhoffte ich mir in Rom, wie einst Goethe, eine Wiedergeburt oder zumindest so eine kleine Erleuchtung. Damit verbunden rechnete ich fest damit, dass mir das Schicksal zeigt, wohin meine persönliche Reise geht. Ich hoffte dort ganz dolle auf eine Erkenntnis, einen Fingerzeig. Der Traum platzte wie eine Seifenblase. Leider! Irgendwie musste ich also eine Alternative finden. Aus diesem Grund fing ich an, diese Zeilen zu notieren. Zunächst nur für mich und ohne Absicht, das in Buchform zu gießen. Zwischendurch zweifelte ich auch an dem Projekt und an der Welt. Ich musste einen anderen Zugang zu meiner Stadt finden. Ich wollte keinen Reiseführer oder noch einen »Historienschinken« verfassen. Begleiten Sie mich auf einer spannenden mit vielen Aha-Effekten garnierten und zum Teil nachdenklichen Reise durch die kleine (ca. 300.000 Einwohner), aber feine Welthauptstadt.

Zingst, Februar 2021 Robert Martin

QUADRATESTADT

Der Mittelpunkt der Welt liegt in Mannheim, das ist vielen nicht bekannt. Natürlich dürfen Sie dagegen argumentieren und sagen, dieser Punkt liegt in Corum (wurde von Wissenschaftlern berechnet) in der Türkei oder New York oder Dubai oder Chongqing. Doch so einfach ist diese Frage nicht zu klären. Der geografische Mittelpunkt der Erde liegt wohl dort im ehemaligen Osmanischen Reich. Aber die Berechnungsgrundlage hierzu ist unvollständig bzw. es wurden wichtige Parameter ignoriert. Nur weil ich der Größte bin, bin ich doch nicht zugleich der Größte auf Erden, oder?

Wir wollen gleich ans Eingemachte gehen und zeigen, warum Monnem das Maß aller Dinge ist. Hier im modernen Mesopotamien[1], wo Rhein und Neckar zusammenfließen, wurde nämlich der Grundstein für unsere moderne Gesellschaft gelegt. Dr. Carl Benz erfand hier das Automobil. Am Anfang interessierte sich niemand für das Ding und das patentierte Gefährt lag rum wie Blei oder alter Fisch. Es war unverkäuflich. Heute kann man sich das überhaupt nicht vorstellen. Erst brauchte es einen geilen *Promotion Gag*. Hier kommt nun die Frau von Dr. Benz ins Spiel. Sie fuhr einfach, ohne ihrem Mann, dem Erfinder, das vorher kundzutun, von Mannheim bis nach Pforzheim (und zurück ca. 194km). Diese erste Fahrt

---

[1] Mesopotamien bedeutet Zweistromland. Ursprünglich also die Gegend um Euphrat und Tigris, die Wiege der Menschheit.

mit einem Kraftfahrzeug war der Durchbruch und nun erfolgte von Mannheim aus die mobile Revolution in die weite Welt. Zum Glück unternahm damals seine Ehefrau diese Reise und da sieht man auch gleich, wie wichtig eine gute Partnerschaft ist. Ich denke, ohne den Mut und das Wagnis von Berta wäre die Sache anders ausgegangen. Noch heute können Sie die ausgeschilderte erste historische Fahrt dieser Frau nachfahren (Berta Benz Memorial Route, siehe Anhang). Danach wurde hier noch der Traktor von einem gewissen Lanz erfunden. Warum gerade diese Stadt dafür vom Universum auserkoren wurde, bleibt unbekannt. Vielleicht war es ein Zufall oder lag es an den »Ur-Einwohnern«? Das können wir nicht genau klären.

Als würde das nicht schon reichen, erblickte überhaupt die Mobilität eines jeden einzelnen in Monnem schon 1817 das Licht der Welt. Hier stellte der Erfinder Karl Drais seine hölzerne Laufmaschine vor. Damals sagten die Leute dazu »Draisine«, heute nennen wir es E-bike. Sie müssen schon zugeben, wir kommen dem Titel schon ziemlich nahe. Wem das noch nicht reicht und wer immer noch Bedenken hat, dem kann geholfen werden.

In der Quadratestadt, warum eigentlich Vierecke, weil es praktisch ist und einfach, wurde ein weiteres die Welt in den Grundfesten veränderndes Produkt erfunden. Sie ahnen möglicherweise als Insider schon, wovon ich spreche.

Ja, es ist das Spaghettieis. *Lacht!* Kommt auch von hier. Die ganzen anderen Sachen, wie das größte Barockschloss Europas und somit der Welt, denn außerhalb von Europa wird es mit Schlössern dünn, meinem dafürhalten nach, kommen auch noch dazu.

Oder die größte zusammenhängende Jugendstilanlage Europas. Ein Teil davon ist die Wasserturmanlage mit der Christuskirche im Hintergrund, auch *Mannheimer Dom* genannt (am Ende der umgangsspr. Planken). Ebenso wurden die Schmierstoffe, durch Herrn Fuchs[2] bei uns erfunden. Der Name Benzin kommt auch von hier. Und das mit den Straßennamen gibt es hier so nicht, zumindest in der Innenstadt, bei uns wird alles mit den Buchstaben A bis U und Ziffern ausgedrückt, wobei das J fehlt und als I ausgesprochen wird. Insgesamt haben wir 144 Quadrate. Eine perfekte Renaissance Stadt sozusagen.
Es soll eine Wortkreation vom Namen Benz und »in den Tank rin machen« sein. Eine witzige Geschichte, die sie bei Berta Benz nachlesen können. Die Liste wird länger und länger. Zu guter Letzt, denn wir müssen auch mal kurz aufhören, wurde im Mannheimer Stadtteil Waldhof, der »Seppl« Herberger[3] geboren und dessen Leistung grenzt an ein unglaubliches Phänomen, darüber ist sich die ganze Welt einig. Diesem Ehrenbürger haben wir den ersten Fußball-Weltmeistertitel zu verdanken. Zur damaligen Zeit hatte es Deutschland dringend nötig, einmal durch eine *andere Leistung* von sich reden zu machen. Das kolossale Wunder von Bern 1954 wurde hier geboren und erfunden. Mir kommt es fast vor wie eines der sieben Weltwunder der Antike. Wie haben die Kicker

---

[2] Rudolf Fuchs gründete 1931 die heute weltbekannte Fuchs Petrolub AG

[3] Sepp Herberger (1897 - 1977), Fussballtrainer und -spieler.

das damals hinbekommen, plötzlich so gut Fußball zu spielen?

(Aufnahme des Mannheimer Wasserturmes, auch Monnemer Wasserdorn genannt, von der Augustaanlage.)

Wo hat Monnem noch Weltrum erlangt? Nur kurz, ohne zunächst weiter darauf einzugehen. Es gäbe noch die größte Chemiefabrik der Welt. Die Badische Anilin- und Soda-Fabrik, kurz BASF, wurde zunächst in Mannheim gegründet. Weiterhin brachte die Region sowohl eine weibliche und auch einen männlichen Tennis-Weltmeister(in) bzw. Wimbledon-Gewinner(in), oder Formel-Eins-Weltmeister, Fußballmeister (VFR MA 1949, gg. Dortmund i.d.V.) und einen mehrfachen deutschen Eishockey-Meister hervor. Und dann schimpft sich Mannheim auch noch eine große Musik- und Kultur-Stadt. Freilich ist Mannheim voller Innovationen und eine Ideenschmiede bis in die heutige Zeit geblieben. Alles hier zu benennen würde den Rahmen sprengen, es gibt noch viele Weltmeister(innen) und Erfindungen und ich möchte Sie ja auch nicht langweilen, liebe Leserin und lieber Leser. Fakten sollen mit Leben gefüllt und die oft interessanten Geschichten dahinter aufgezeigt werden. Manchmal ist gerade auch das kleine, das verborgende so wunderbar. In Zukunft werden Sie anders durch die Stadt laufen und zum Beispiel sagen: »ach, hier ist die Le-Maitre-Straße oder der Schillerplatz«, und Sie wissen, was dieser Kerl hier vollbracht hat. Auch will ich keinen Anspruch auf Objektivität oder Vollständigkeit erheben.

Leider konnte sich auch die heimliche Welthauptstadt nicht von der besonderen dramatischen Situation abkoppeln. Momentan ist es deshalb ziemlich ruhig auf den Planken und der Breiten Straße (die Shopping-Meilen der Stadt). Sie sehen in Mannheim, gibt es außer den Buchstaben und Ziffern, noch einige besondere Straßennamen. Eigentlich pulsiert hier seit jeher das Leben und das Herz der Stadt schlägt hier. Die erste Welle hat voll zugeschlagen. Damit meine ich nicht nur Corona, sondern auch die Digitalisierung. Wer wird zukünftig noch in die Stadt gehen zum Shoppen? Scharenweise rennen die Kunden nun erst recht zu Alibaba, Amazon und Hello Fresh. Sie haben gar keine andere Wahl. Hoffentlich wird Jeff Bezos auch ihre Renten in Zukunft bezahlen. Die Menschen können hier nicht mehr shoppen und sind zum Innehalten gezwungen. Alles ist so friedlich wie schon lange nicht mehr. Das hat auch seinen ganz besonderen Reiz. Corona verdirbt vielen die Show. Einige werden alles verlieren, das tut mir sehr leid. Das Universitätsklinikum Heidelberg teilte in einer Meldung vom 25.04.2020 mit, dass zu keiner Zeit mehr als 10% der Intensivbetten mit Covid19 Patienten belegt waren. Weiter erklärte Prof. Dr. Ingo Autenrieth, der Leitende Ärztliche Direktor der Uniklinik, man werde wieder zum Regelbetrieb zurückkehren. Zeitgleich teilen OB Würz und der Polizeipräsident von Mannheim und Heidelberg mit, dass an diesem Tag keine Neuinfektion mit dem Virus gemeldet wurde. Glücklicherweise war somit der Rhein-Neckar-Raum vergleichsweise glimpflich vom Grippevirus heimgesucht. Immerhin leben in der *geilen* Metropolregion 2,4 Mio. Menschen. Wird sich das im Rahmen der Dauerwelle noch ändern?

Auf den Planken unterhielt ich mich mit einem älteren Herrn darüber. Dieser ist seit 15 Jahren im Ruhestand und meinte sinngemäß: »Musste das sein? Eine große Beschneidung der Grundrechte, lebenswichtige Untersuchungen und Operationen wurden nicht durchgeführt, weil die Kranken nicht in die Krankenhäuser kamen oder es nicht durften. Menschen sterben alleine zu Hause und Beerdigungen finden ohne Leichenschmaus statt. Kinder gehen nicht zur Schule. Viele Existenzen sind bedroht oder zerstört, Menschen verzweifelt und begehen Suizid. In manchen öffentlichen und sozialen Medien wird über die Notwendigkeit und Sinnhaftigkeit des Shutdowns diskutiert.«

Hinterher sollten wir schlauer sein. Was hätte die Politik tun sollen, gab es zu Beginn schon die Erkenntnisse von heute? Eines der ersten wirtschaftlichen Opfer in Mannheim war die Restaurantkette Vapiano mit ihrer Niederlassung am Wasserturm oder das kleine Reisebüro in Sandhofen. Viele Bürger sind voller Angst vor dem Virus und andere gehen ganz locker damit um. Es gibt verschiedene Lager, wobei mit weiteren wirtschaftlichen Einbußen die Partei der Befürworter stetig weiter abnehmen wird? In Amerika will sich nur jeder zweite impfen lassen. Immerhin wird es notwendig sein, das Ganze zu finanzieren. Zum Glück haben wir viel Wohlstand gehamstert und nun so viele Finanzmittel, andere sind da viel schlimmer dran. Auch gute medizinische Versorgung kostet Geld. Es wird wohl für immer eine *Gretchenfrage* bleiben. War das notwendig und verhältnismäßig? Unser Bundestagspräsident Herr Schäuble hat meinem Dafürhalten nach eine sehr weise Aussage getroffen.

»Wenn ich höre, alles andere habe vor dem Schutz von Leben zurückzutreten, dann muss ich sagen: Das ist in dieser Absolutheit nicht richtig«, Schäuble zum in Berlin erscheinenden Tagesspiegel (Sonntag). »Wenn es überhaupt einen absoluten Wert in unserem Grundgesetz gibt, dann ist das die Würde des

Menschen. Die ist unantastbar. Aber sie schließt nicht aus, dass wir sterben müssen.«

Für mich persönlich wurde durch manche Maßnahmen meine Würde zumindest angekratzt, aber das ist wahrscheinlich auch eine individuelle Sache. Ich bin eigentlich ein Pessimist, aber das macht depressiv, deshalb denke ich immer positiv und bin voller Hoffnung und Glaube. Wenn es dann anders kommt, ist noch genug Zeit zum Trauern, aber bis dahin lebe ich zufrieden. Bleiben Sie zuversichtlich, das hilft, das Unglück kommt ganz von alleine.

»Hurra wir leben noch«, sang Milva[5] nach dem Krieg und zur Romanverfilmung von J.M. Simmel und da ist was dran. Junge Leute rappen heute eher »Hurra, die Welt geht unter« (K.I.Z). Das sind schon Gegensätze. *Denken die Greenies, das war's?* Die einen waren froh, überlebt zu haben, und die anderen wollen gerne loslassen. Ganz sicher ist aber, das Alte kommt nicht mehr zurück, so bin ich der festen Überzeugung, dass unser altes Leben passé ist. Das Neue kommt gerade mit großen Schritten angelaufen, lassen Sie es uns gemeinsam im Sinne unserer demokratischen Werte gestalten.

---

5 Bürgerl. Maria Ilva Biolcati (1939), Sängerin und Schauspielerin.

TAL DER FLACHEN DÄCHER

Ein weiteres Highlight, liebe Leserin und lieber Leser, mit mittlerweile nationaler Bekanntheit ist das »Tal der flachen Dächer«.

Dieser Graben ziert so schöne Straßennamen, wie »Frischer Mut« oder »Neues Leben« und »Frohe Zuversicht«.

In den *Gassentiteln* schwingt schon etwas Hohn mit. Die berühmtesten B-Bewohner sind wohl *Elvis* (jawohl, er lebte hier in Mannheim) und Frau *Zehntbauer*, wobei letztere bereits verstorben ist. Ihre legendären Auftritte in Funk und Fernsehen blieben aber unvergessen. Wer erinnert sich nicht gerne an das »illegal« aus der Polizeibehörde verbreitete Video (Datenschutz zum Glück Fehlanzeige), in dem sie eine Ruhestörung meldete. So köstlich, das ist Monnem pur! Es wird herzlich *gegoscht*, jeder Außenstehende denkt, das gibt Krawall. Unbedingt im Anhang auf den Link klicken.

Tatsächlich handelt es sich beim »Tal der flachen Dächer« nicht um eine Oase in der Natur, sondern um ein *Brennpunktviertel.* Daher dienen wohl auch die Straßennamen eher der Aufmunterung und Verschleierung. Dieses Szeneviertel liegt im Stadtteil Waldhof und hat schon eine Menge an High Society produziert. Es war *anno dazumal ein* Arbeiterquartier und einer der größten Arbeitgeber war die Spiegelfabrik. Hier wurde und wird u.a. Glas hergestellt. Die Arbeiter wohnten in der dazugehörigen Spiegelkolonie. Eine der ältesten Werkssiedlungen aus dem 18. Jh. Teile sind bis heute erhalten und stehen unter

Denkmalschutz. Das hat aber mit den Baracken, eh. Falevas (so schlimm war‘s wirklich), nichts mehr gemein.

Nicht weit entfernt findet sich das Omnibuswerk von Mercedes und davor das schon mehrmals benannte *Tal der platten Behausungen*. In Wirklichkeit handelt es sich hierbei nicht um einen Canyon, sondern um Barackenwohnungen. Aus einfachstem Baumaterial hergestellter Wohnraum für die Ärmsten d. A. Mannheim hatte schon immer mit großer Zuwanderung zu kämpfen.

(Wandgemälde in den Benz-Baracken)

Während der Industrialisierung (dazu später noch ausführlicher im Kapitel *Die Goldenen Zwanziger*) und in der Zeit nach dem Zweiten Weltkrieg (knapper

Wohnraum aufgrund der Kriegsschäden), waren die Lebensumstände für viele sehr armselig. In den 20er Jahren begann die Stadt Mannheim die anfänglichen *Benz-Baracken* abzureisen und einfache Notunterkünfte (die ursprünglichen Gebäude, waren tatsächlich Wellblechhütten) zu errichten. So wie sie heute noch erhalten sind. Der Name *Benz-Baracken* blieb. Die Kosten eines solchen Appartements beliefen sich auf 2.000 Mark. Die Maßnahme war aus der sprichwörtlichen Not geboren, denn der Erste Weltkrieg war gerade verloren und das Land ächzte unter Schulden, einer rückläufigen Wirtschaftstätigkeit und einer Hyperinflation. Ein Brot kostete damals über 200 Milliarden Reichsmark. Das können wir uns heute nicht mehr vorstellen. Die damalige Geldentwertung wurde durch das ständige Drucken von Bargeld ausgelöst. Es gibt eine Theorie, die besagt, dass jedes System am Ende durch die Druckerpressen der Notenbanken kollabiert.

Es dauerte nicht lange und die Baracken auf dem Waldhof hatten ihren Ruf weg. Der Mannheimer Rapper *Manace* singt über seinen Stadtteil (siehe Anhang). Das Lied sagt alles, hören Sie kurz rein. Sie galten als sozialer Brennpunkt und Einstieg in den Abstieg. Das Rauskommen war sehr schwer. Damit meinte man, wessen Raumschiff hier gelandet ist, den hat das gesellschaftliche Leben aussortiert. Man ist hier sprichwörtlich durch den Gitterost des Lebens gefallen.

Tatsächlich gab es trotz dieser Widrigkeiten immer wieder Blitzkarrieren aus den Baracken heraus. Eine davon, die nur die älteren noch kennen, ist der Profiboxer *Ali* oder unser *Cassius Clay vom Waldhof* und der braune Bomber genannt, oder besser bekannt als Charlie Graf[6]. Er ist ein Besatzungskind und kämpfte sich ganz nach oben, bis ein »geschobener« Kampf seine steile Karriere bremste. Viel, viel, viel zu verzögert, aber nicht zu spät erhielt er den damals versagten Meistergürtel nach insgesamt 27 Jahren zuletzt vom damaligen Gegner nachträglich überreicht. Ist das nicht krass und was für eine Geste. Heute trifft man Charlie im Fitnessstudio oder bei seiner Arbeit als Sozialarbeiter für schwer erziehbare Jugendliche.

Mittlerweile haben es die Baracken sogar ins private Fernsehen gebracht und viele der Originaldarsteller erlangten Kultstatus. Vor etwa zehn Jahren konnte hier fast kein Streifenwagen alleine durchfahren. Es gab sofort Ärger. Heutzutage sind die BBs, also *Benz-Baracken*, angesagte Szenelocations und so mancher aus den anderen Stadtteilen, versucht hier, seine Stars zu treffen und ein Autogramm zu ergattern.

Einer der größten Stars dieser Tage ist *Elvis*. Ja, noch so eine Sache, der Memphisflash lebt! Der wahrhaftige King of Rock'n,Roll, tritt in der TV-Serie »Hartz und herzlich« auf. Liebevoll nennen ihn seine Fans »Kultbarackler«. Elvis hat in der Serie und wohl auch im wirklichen Leben einen kalten Entzug durchgemacht. Mittlerweile hat the King eine eigene Show mit dem coolen Namen »einfach Elvis«. Man darf sagen, Big E ist ein Star, zumindest auf Dschungel-

---

6 Charlie Graf (1951), Profiboxer und Sozialarbeiter.

campniveau, aber das kann ja noch werden. Was lehren uns die Benz-Baracken und ihre Bewohner?

Man sollte ehrfürchtig seinen Hut davor ziehen, dass Menschen bereit sind ohne murren und knurren in solchen Verhältnissen zu wohnen. Als ehemaliger Zivilcop weiß ich, wie manche der Wohnungen von innen aussehen. Einmal sollte ich hier eine Person festnehmen, die gesucht wurde. Niemand wusste, wo der Kerl wohnt. Von der Straße kamen damals die Hinweise, dass er in den BBs untergetaucht war. Da wir keinen Schimmer hatten, wo ansetzen und wo zu erst suchen, starteten wir sehr klein und observierten erstmal das Kiosk im Freien Weg (mittlerweile leider abgerissen und Geschichte). Es war noch kein Tag vergangen und wir hatten unsere Zielperson schon beim Flaschenbier holen erkannt. Der Rest war ein Kinderspiel oder normale Polizeiarbeit. Als wir seinen Unterschlupf betraten, waren die ganzen Wände voll mit schwarzem Schimmel. Eine funktionierende Heizung gab es nicht. Ich hatte so etwas noch nicht gesehen und konnte mir überhaupt nicht erklären, dass man hier wohnen konnte, geschweige denn überleben. Die Lebensumstände waren doch eigentlich katastrophal. Der soziale Brennpunkt hat heute viel von seiner Wildheit und Gefährlichkeit eingebüßt. Die Bewohner »mucken« nicht groß auf. Sie haben sich in ihr »Schicksal« gefügt, sind vernünftiger geworden oder etwas anderes ist passiert.

Im Wahlkreis I von Mannheims Norden befindet sich auch der Waldhof, seit 1952 holte hier immer die SPD ein Direktmandat. Der Stadtteil ist eine Arbeiterhochburg seit der Industrialisierung. Hier war die

Proletarierhochburg Süddeutschlands. Ludwig Frank (SPD Reichstagsabgeordneter aus Mannheim) lässt grüßen. Da war es ein Schock wie plötzlich 2016 aus heiterem Himmel ein AfD-Politiker den Thron holte. Dieser Wahlkreis war die tatsächliche Hochburg der SPD in ganz Deutschland geblieben, dann kam die Wachablösung. Der Epochenumbruch fand hier in Mannheim statt. Damals ging ein Aufschrei durch die ganze Republik, insbesondere durch die lokale Presse. Wie konnte es soweit kommen, das bleibt bis heute ein Rätsel, zumal die AfD nach Aussage von SPD Mitglied Schroff keinen erkennbaren Wahlkampf vor Ort machte. Schätzungsweise war es einfach ein Malheur, der Wahlkampf war überschattet durch interne Querelen. Der SPD-Kandidat wurde ausgewechselt und trat dann selbst an. Das war schon ein Ding für alle damals. Zum Glück haben sich die Wahlergebnisse wieder geändert.

Wie auch im Rest des Landes, so ist es meiner Meinung nach in den Underdog-Vierteln ruhiger geworden. Möglicherweise wird das anderswo kompensiert. Klar, es gibt mehr Eigentumsdelikte, aber der Bürger an und für sich verbringt seine Zeit mit chillen, essen, feiern, online shopping und *24/7 Medienkonsum*. Gerade in den ehemaligen Hotspots von Mannheim ist es dank Smartphone und der Omnipräsenz von zerstreuenden Medien (das Gegenteil wäre „denke selbst“), digitalen Inhalten und Hartz IV ruhiger geworden. Die Bewohner haben ihr Auskommen und werden wie lebende riesengroße Tamagotchis durch eine Datenflut beschäftigt. Die Sinnlosigkeit ihres Tuns fällt vielen so nicht mehr auf und alle sind glücklich und zufrieden. *Mutmaßlich habe ich hier gerade überhitzt.* Meine Ausführungen beziehen sich nicht nur auf die Bewohner der Baracken, sondern sind allgemeiner Natur. Ich schließe mich hier selbst mit ein. Wie ich im Verlauf des Buches noch ausführen werde, gibt es ein wiederkehrendes Muster.

Elvis the Pelvis ist mittlerweile mit Frau Katrin und sieben Kindern weggezogen. Vielleicht aufgrund des Rummels oder Ruhmes? Viele der *Benz-Baracken* stehen leer und angeblich sollen sie sogar abgerissen werden. Schade ist es schon etwas, aber auch vernünftig. Ausnahmsweise sollte ein Block als Denkmal und Museum erhalten werden. Das wäre cool, mit der ganzen geilen Atmosphäre und den Bewohnern als Wachsfiguren. Mir bleibt die Siedlung als menschlicher und kultureller Schmelztiegel mit interessanten Bewohnern in Erinnerung. Auch, wenn ich ziemlich ausgeteilt habe, liebte ich die Einsätze. Der Menschenschlag dort war einfach unglaublich anders. Es ist wahrscheinlich trotzdem gut und längst überfällig, diese Ära zu begraben. Die Mannheimer hier sind schrullig und herzlich. Nicht umsonst wurden mehrere Staffeln (eigentlich war nur eine geplant, wie immer) dieser Serie über Mannheims BBs gedreht, denn die Atmosphäre dort war schon etwas besonderes und einzigartig für ganz Deutschland.

DIE STADT VERSINKT IM MÜLL

Vorhin bin ich, liebe Leserin und lieber Leser, die Waldhofstraße in Richtung Innenstadt geradelt. Aktuell befinden wir uns im April und der macht bekanntlich, was er will, und genauso kommt mir das mittlerweile mit dem Abfall vor. Überall liegt der Wohlstandsmüll und der »verflixte« Wind, vom Rhein kommend, weht das Zeug in jede Ecke und unter jeden Busch. Sogar auf meinen Radtouren nach Heidelberg, wenn ich über die Felder fahre, sehe ich untergepflügten Abfall. Das versetzt mir einen Stich. Gerne hebe ich immer wieder ein Stück davon auf. Auf Facebook habe ich eine Initiative gestartet, die sich zum Ziel setzt, dass jeder an jedem Tag ein Stück Weggeworfenes entsorgt. Dieses verdammte Zeug, entschuldigen Sie die Wortwahl, wird uns noch große Probleme bereiten. Manchmal wird es klein geschreddert von den starken Maschinen der Landwirtschaft oder bei den Mäharbeiten der Straßenmeisterei in hunderte kleiner bunter Fetzten transformiert. Unser Essen, unsere Lebensmittel werden schon inmitten PET-(Polyethylenterephthalaton) Abfällen und anderem Abfall produziert.

Mir persönlich gefällt das nicht und immer weniger. Ich versuche deshalb, das zum Teil schädliche Plastik zu vermeiden. Es können sich Weichmacher und andere Stoffe lösen. Diese stehen im Verdacht hormonelle Veränderungen hervorzurufen. Außerdem können weitere Gesundheitsgefahren bestehen. Aus die-

sem Grund haben wir vor Jahren angefangen, den Dreck auf den Straßen und in der Natur wieder einzusammeln. Bei unseren Müll-Sammelaktionen, hauptsächlich im Käfertaler Wald, treffen wir regelmäßig viele Gleichgesinnte. Über die Jahre hat die Gruppe der »Abfallliebhaber« stark zugenommen, was mich sehr freut und Hoffnung macht. Ohne diese Helden wäre der Wald schon längst zu einer Müllkippe verkommen. Ich hege Zuversicht, dass irgendwannn auch die Straßen von »Monnem« keine Müllhalde mehr sind. Denn im Moment fühle ich mich beim Gang oder der Fahrt durch meine Heimatstadt eher wie im Thriller Getaway[7], wo die beiden Hauptprotagonisten unfreiwillig auf einer riesigen Mülldeponie, irgendwo in der Wüste Amerikas, landen. Dort befindet sich ein großes Loch und da kommt der »Scheiß« rein. Der Sandsturm besorgt den Rest und treibt den Mist einfach davon.
Warum liegt heute so viel Kram rum? Ich weiß darauf keine Antwort. Irgendjemand hat ihn wohl verloren. Selten sehe ich Menschen, die ihren Abfall absichtlich auf die Straße werfen. Davon kann es also nicht kommen, oder doch? Ich habe einmal eine Frau beobachtet, die einen gelben Sack aus einer der Mietskasernen in der Waldhofstraße einfach vom 3. Stock hinunter fallen ließ. Ich war überrascht, klar es war Recyclingtag und überall lagen die gelben Säcke, aber dass man den einfach aus der Stockwerkswohnung wirft, hatte ich noch nie erlebt.

---

[7] 1972, Spielfilm USA nach einem Roman von Jim Thompson

(Hausmüll vor einem Anwesen in der Waldhofstraße im Stadtteil Neckarstadt.)

Ich brauche nicht erwähnen, dass der Sack wie er unten auf dem Gehweg aufkam, auseinander barst wie ein Knaller an Silvester und sich der ganze Verpackungsmüll verteilte. Ich weiß gar nicht, ob die zumindest vorher schaute, ob da unten einer langgeht.

Viele entsorgen auch ihre Kippen und vollen Aschenbecher in der Öffentlichkeit. Autotür auf und raus das Zeug. Aber woher kommt jetzt der ganze Schutt? Hier in Mannheim genießt ja eine Süßspeise den passenden Namen »Mannheimer Dreck«. Das an einen Schmutzhaufen erinnernde mit Schokolade überzogene Gebilde erinnert geschmacklich eher an Lebkuchen. Nach einer Überlieferung war die Quadratestadt wohl auch früher schon recht schmutzig und es wurde überall regelmäßig gekehrt. Hier standen dann auf den Straßen und Gehwegen so filigrane Mist*haufen* rum. Die Konditoren machten daraus den berühmten *Mannheimer Dreck*. Heutzutage ist man weit weniger einfallsreich, was das Thema Vermüllung der öffentlichen Flächen anbelangt. Für mich ist die besagte Waldhofstraße eine der schmutzigsten in ganz Mannheim. Gerade der Bereich bei den Mietskasernen und etwas später auf Höhe der eh. MWM (Mannheimer Motorenwerke) sind wirklich übel. Regelmäßig überkommt mich hier beim Durchradeln ein kalter Schauer. Müsste ich hier dauerhaft leben, dann würde ich mit Sicherheit Gelbsucht und eine Depression bekommen oder stundenlang Abfall sammeln. Hier hat die Müllabfuhr und das schöne orangene Straßenreinigungsfahrzeug keine Chance mehr. Ein Auto parkt am anderen und in jeder Ritze und den Hauseingängen findet sich der Dreck (Pizzakartons, Kippenschachteln, weggeworfenes Fast Food, Taschentücher usw.) und auch große nicht angemeldete wilde Sperrmüllhaufen. Für mich passt hier am ehesten der Begriff Ghetto. Ja, so sieht es dort aus, es fehlen nur noch die Wellblechhütten oder illegale Siedlungen wie im Berliner Tiergarten.

Aber nochmals zurück zur Ausgangsfrage. Woher kommt jetzt der ganze »Scheiß, der ganze verflixte Müll«? Sehe das nur ich so? Fällt das nur mir auf? Ist es möglicherweise so, dass die ganzen Kippen, Zigarettenschachteln, Plastikflaschen, Verpackungen, Papiertaschentücher, rote und schwarze gefüllte Hundekotbeutel, Einmalmasken usw. einfach nur aus Versehen dort herumliegen? Möglich wäre das schon und auch eine recht einfache Erklärung. Wir bleiben also dabei, dass wir niemandem unterstellen wollen, absichtlich die Wege, die Stadt und die Natur zu verunreinigen. Es sind kleinere Malheure, Unaufmerksamkeiten und Pech.

Wahrscheinlich glauben Sie das jetzt nicht? Ok, dann schiebe ich die müllgewordene Wirklichkeit der coolen Welthauptstadt Monnem auf den Zeitgeist. Es ist ein Phänomen unserer Tage, dass überall und nicht nur in Mannheim die Müllberge wachsen. Bald wird der »Monte Scherbelino« so hoch sein wie der Fernmeldeturm. Anscheinend finden es die meisten nicht so schlimm, sonst würden sie etwas dagegen tun. *Monte Scherbelino* ist der große Abfallberg auf der Mülldeponie Friesenheimer Insel.

Am besten wäre, wenn jeder unserer aktuell etwa 80 Mio. Einwohner sich einmal am Tag bücken würde und ein Stück Abfall aufnimmt und entsorgt. So hätten wir in einer Woche 560 Mio. Stücke Müll entsorgt und in einem Monat wären es schon etwa 2 Mrd. Mir scheint das ist ein vernünftiges Vorgehen. Starten wir eine Müllreduktionsepedemie. So könnte man dem Abfall Herr werden. Auf alle Fälle sollten wir gemeinsam dem Monnemer Dreck den Kampf ansagen.

GUERILLAGÄRTEN + NEUE MÄRKTE

Kommen wir zu einem der »zahlreichen« Lichtblicke entlang der Waldhofstraße (Stadtteil Neckarstadt). Zum einen wäre das der *Krempelmarkt* und zum anderen ist das der dortige Bürgergarten.

Liebe Leserin und lieber Leser, wann immer ich die *trashige* und asoziale Waldhofstraße mit meinem Rad entlang *cruise*, freue ich mich über den Anblick des dortigen Bürger Gartens. Schon der Leitspruch am Zaun, in bunten Lettern, »Neckargärten« sieht cool aus. Das Paradies liegt direkt neben der Paul-Gerhard-Kirche. Früher war das hier ein großes Hundeklo oder ein grünes Feld, das vorgab, eine Wiese zu sein oder eine vernachlässigte kleine Parkanlage mit ein paar Bänken, auf denen sich hauptsächlich die örtlichen Trinker und Penner aufhielten. Jetzt hat man das meiste eingezäumt.

Ich versuche Ihnen mal diesen Ort zu beschreiben. Er ist auf alle Fälle einen Besuch wert. Neben dieser Oase steht das mächtige aus gelben Klinkern gebaute besagte Gotteshaus. Ein großer kantiger Glockenturm thront direkt über dem Paradiesgarten. Es gibt zwei Eingänge oder Ausgänge je nach Betrachtungsweise. Ein Fußweg verbindet die beiden Portale und führt diagonal durch die grüne Lunge. Links und rechts sehen wir kleine Parzellen in unordentlicher Abfolge auftauchen. Alle haben eines gemeinsam, sie wirken unorthodox. Damit meine ich als Beispiel, die Stecken der Tomaten sind alte Besenstile und die Beeteinfassungen leere Glasflaschen und so geht es immer weiter. Genau von der Mitte der grünen Wildnis blickt man auf einen in bronzenen Lettern an der Kirche angebrachten Spruch:

»Mein Herz soll sich fort und fort an diesem und an allem Ort zu deinem Lobe neigen.[8]*«*

Ich persönlich habe mit der traditionellen Kirche in Deutschland nicht viel am Hut, trotzdem würde ich mich als sehr gläubig bezeichnen. Was mich an der Kirche als Einrichtung, nicht an ihren Mitgliedern stört, ist die Heuchelei, der fehlende Mut, notwendige Veränderungen herbeizuführen und das viele Leid, das die Kirche in ihrer Historie aufgehäuft hat. Schade, dass die religiösen Institutionen so wenig eine eigene Meinung und Stellung beziehen. Mich stören die festen, starren Regeln und Abläufe, gut finde ich oft die Botschaften. Solche wie Frieden oder Hass für keinen und Liebe für alle. Aber wie gesagt der Rest ist unausstehlich für mich. Ein Gottesdienstbesuch fühlt sich wie ein Zahnarztbesuch an. Es ist quälend, dabei bin ich der Meinung, dass die Kirche ihren Mitgliederschwund bremsen könnte. Sie sollte die Themen der Zeit aufgreifen und offen diskutieren. Außerdem könnte sie Halt und Richtung, also ein Fels in der Brandung, sein in diesen turbulenten Zeiten.

---

[8] Paul Gerhard 1607 bis 1676. Theologe und bedeutender Dichter.

(Eh. Wiese die von den Anwohner beackert wird. Es wird dort Gemüse und Obst angebaut. Außerdem dient der Platz als Treffpunkt. Im Hintergrund die Paul Gerhard Kirche mit ihrem mächtigen kubischen Glockenturm.)

Aber wie so oft im Leben verharren solche großen und wohlhabenden Strukturen in ihrem Korsett. Sie ist der langjährigste »Fakenews«-Verbreiter den ich kenne. In Tausenden von Jahren hat sie auch die Menschheit, unser Dasein, die Welt nicht besser machen können. Alles, was nicht passt und genehm ist, wird entsorgt. Eigene Verfehlungen werden eher vertuscht als offen angegangen. Ein Beispiel noch hierzu, liebe Leserin und lieber Leser, dann verlassen wir die Kirchengemeinde. Der Sexualtrieb ist der stärkste Trieb des Menschen und den soll das Zölibat eliminieren. Das klappt manchmal nicht so gut. Heraus kommt dann so ein krudes Zeugs. Wenn Sie mal eine wirklich gute und oscarverdächtige Predigt hören wollen, ja so was gibt es, dann gehen Sie nach Isny (Allgäu) und besuchen die Kirche in Neutrauchburg des Pfarrers Stefan Chibulka. Hut ab, wie Kirche auch sein kann. Hier gibt es noch volle Gotteshäuser. Woanders sind sie leer, denn viele Christen haben Gott verlassen?

So nun gehen wir weiter im Paradies umher. Einen Apfelbaum konnte ich nicht entdecken, dafür aber einen schon recht großen Feigenbaum, daneben steht ein Kunstwerk aus alten Fahrradfelgen. Stahlfelge an Stahlfelge wurde miteinander verbunden. Luftig und filigran wirkt das Teil. Es erinnert von der Form her an ein Iglu und Kletterpflanzen halten sich daran fest.

Irgendwo steht eine riesengroße Linde und sie ist aktuell im Mai 2020 in voller Blüte. Mit ihrem großen Wuchs überragt sie alle Gebäude in der Nähe. Zu ihren Füßen und in ihrem Schatten steht ein alter rot angemalter Bauwagen. Ein Gemälde von Andy Warhol (berühmter Popart-Künstler) ist auf der Längsseite aufgemalt. Überall um den Rolls Royce der Selbstversorger stehen improvisierte Sitzgelegenheiten aus alten Biertischen, weggeworfenen Stühlen und Holzpaletten. Selbst Bienen werden hier gehalten. Hauptsächlich Männer sitzen und stehen beieinander und unterhalten sich ausgelassen. Irgendwo weiter weg ruht ein einsamer ausgeblichener dunkler Sonnenschirm, darunter sitzt ein älteres Pärchen und betrachtet wohl seinen, zu den Füßen liegenden Gemüsegarten, daneben beginnt eine Kräuterschnecke. An einer Seite des eingezäumten Gartens Eden, etwas außerhalb, befinden sich mehrere Bänke. Hier tummelt sich die trinkende »Hautevolee« der Neckarstadt. Damit sind dann wohl die *Underdogs* gemeint. Auch sie erfreuen sich sichtlich am Garten. Es gibt in Mannheim weitaus schlechtere Plätze, um dem Siechtum und dem *hedonistischen* Leben zu frönen wie hier am Rande des Himmelreiches und im Schatten der stolzen Paul-Gerhard-Kirche. Mir fiele da sofort der Hans-Böckler-Platz (dazu später mehr) ein. Hier schlafen sogar regelmäßig einige der Gestrandeten. Ein weiterer Lichtblick, den ich nicht weiter vertiefen möchte, sind für mich die vielen Secondhand-Läden, sowohl kirchliche als auch private. Es macht so viel Freude hier einzukaufen und Dinge nochmal zu benutzen oder aufzutragen. Ich finde es sehr wichtig, Ressourcen zu schonen, wo wir nur können. Wer braucht schon 200 m^2 zum Wohnen, 28 wie bei mir aktuell reichen auch. Deshalb finde ich es super, dass es viele Initiativen gibt, die sich für Nachhaltigkeit und die Wiederverwendung von Konsumgegenständen einsetzen. Dank der digitalen Medien sind hier keine Grenzen gesetzt. Es gibt Foodsharing-Plattformen, kostenlose Gartenkräuter-Apps, die zeigen, wo in der Stadt die nächsten Kräuter kostenlos rumstehen, Gratis-Gruppen, die Sachen verschenken usw. Viele gute Beispiele, die Hoffnung geben. Aber liebe Leserin und geehrter Leser, verlassen wir für diesen Moment das Paradies und gehen zum gegenüberliegenden neuen Messplatz.

KREMPELMARKT

Früher war der Krempelmarkt rund um das Nationaltheater am Goetheplatz und natürlich war das Flair dort spezieller und ganz einzigartig. Dieser kubistische Bau des Bauhausschülers Gerhard Weber, der auch als bester Theaterarchitekt seiner Epoche gilt, zauberte eine einzigartige Stimmung. Hier die monolithische Hülle als alles überragender Überbau, mit ihren weit sichtbaren schwarzen Würfeln, darunter nüchterne zweckdienliche Formen, die sich zu wiederholen scheinen und nun an bestimmten Tagen, zwischen den Säulen, die unprätentiösen Stände der Händler mit allerhand Antikem und Plunder als Kontrast. Hier konnte man in der Anfangszeit alles verkaufen und kaufen. Waffen, Drogen, Lebensmittel und Getränke ohne Konzession etc. Tapeziertische waren eher die Seltenheit und die Waren wurden auf Decken auf dem Boden ausgebreitet. Mit der Zeit wurden die Regeln strenger, der Handel wuchs und der Platz Bedarf wurde größer. Aus diesem Grund zog der Markt um. Naja, Sie wissen schon, wohin, in die Neckarstadt, das passt auch irgendwie.

Heute ist der Neue Messplatz von der Optik her alt und der Alte Messplatz gegenüber der Alten Feuerwache gerade frisch zum 400jährigen Stadtjubiläum renoviert worden. Trotzdem hat der Neue Messplatz einige Vorteile. Er ist riesengroß, kein Fest, das hier stattfindet, benötigt den ganzen Flecken. Einige Stellen bleiben immer noch frei. Mit Abstand das schrillste und lauteste Fest hier ist die Mai- und Oktobermesse. Für viele aus der Umgebung ist das das Highlight des Jahres oder sogar ihres Lebens. Viele kommen aus dem Szeneviertel nicht raus oder weg. Sie bleiben immer hier. Das Revier ist auch recht groß und wer will schon freiwillig aus dem »Paradies« gehen?

Für mich das schönste Ereignis auf diesem riesengroßen schwarz geteerten Platz, liebe Leserin und lieber Leser, ist der Mannheimer Krempelmarkt. Mittlerweile hat er hier, an der neuen Örtlichkeit, seine maximale Ausdehnung erreicht. Für neun Euro pro Tapeziertisch und einer Schmutzkaution von 10 Euro (wird zurückerstattet, wenn man den Platz sauber verlässt) darf hier jeder gebrauchten Krimskrams anbieten.

Heute läuft das alles sehr gesittet und geregelt ab, vorbei sind die illegalen Zeiten am Theater. Aber es ist auch gut so und trotzdem blicke ich manchmal wehmütig zurück. Die Vergangenheit ist gelebt und wird nicht wiederkommen. Gerade deshalb erinnere ich mich zu gerne an die Zeiten, wo der Markt noch am Nationaltheater war. Heute darf man erst ab 5:00 Uhr morgens auf das mit rot-weißem Trassband eingezäunte Gelände fahren und seine Sachen aufbauen. Dann wird den ganzen Tag verkauft bis maximal 16:00 Uhr. Regelmäßig bin ich hier mit meiner Familie Verkäufer. Die Entlohnung ist oft unter Mindestlohn, aber es macht mega Spaß. Wir alle haben Freude an der Mischung aus Freaks, Nörglern, Schnäppchenjägern, Sammlern, Models, Abenteurern, Hochstaplern, Konsumverweigerern, Träumern, Fanatikern, Minimalisten, Glücksrittern, Ureinwohnern, Kritikern und Intellektuellen.

(Wir, das sind meine Kinder und ich, versuchen unser altes aber noch brauchbares Zeugs loszuwerden.)

Ich selbst würde mich als freakigen Glücksritter bezeichnen. Die Mischung auf Aussicht ein bisschen von dem angehamsterten Zeugs loszuschlagen und dabei vielleicht auch noch ein paar Mark, sprich Euro, einzunehmen sind sehr verlockend. Außerdem wird man für die Plagerei auch noch in anderer Weise entschädigt. Es gibt nämlich immer jede Menge zu glotzen und bestaunen dort. Mal wird ein Tapeziertisch von einem Pkw umgefahren, ein anderes Mal wird man beklaut oder erleidet einen Hitzschlag und im Winter kann es bitterkalt sein. Der Platz ist schwarz und bei Sonnenschein ein Glutofen, ohne Schirm ist das »lebensgefährlich«. In der kalten Jahreszeit sind eine

Handvoll Decken überlebenswichtig und warme Getränke.

Eine kleine Anekdote will ich hier einbringen. Wir waren alle auf dem Flohmarkt am Klönen und Verhökern. Ein Kumpel von mir, der Hans, war auch mit. Plötzlich kam meine jüngste Tochter mit sorgenvoller Mine auf mich zu und meinte, ihre Schwester hätte Probleme mit einer Kundin. Schnurstracks drehte ich mich rum und lief zu deren Tisch. Da stand eine ältere Oma mit zwei Taschen und diskutierte mit meiner großen Tochter. Ich fragte höflich, was denn abgeht. Ich konnte nicht glauben, was ich hörte. Die ältere Dame sollte fast alle Handpüppchen eingesteckt haben und wollte nichts dafür bezahlen. Sie bestritt sogar, dass sie sie an sich genommen hatte. Mit Nachdruck und Androhung von Zwangsmaßnahmen (Ordnungsdienst) ließ sie uns in ihre Beutel blicken und da waren die gesuchten Püppchen. Ich leerte alles aus, gab das Zeug wieder den Kindern und wünschte der Dame, mittlerweile war klar, sie war etwas verwirrt, aber in ihrer Gestörtheit herrisch und diebisch, einen schönen Weiterweg. Unbedingt sollten Sie hier mal vorbeischauen und etwas shoppen.

Abschließend will ich noch sagen, dass die Neckarstadt in Teilen ein schwieriger Stadtteil geworden ist und es spannend sein wird zu beobachten, was hier noch so alles zusammengekocht wird.

Verlassen wir die Neckarstadt und gehen zu einer weiteren grünen Lunge der Weltstadt.

KEFFERTHALER WALD

Liebe Leserin und lieber Leser, lassen Sie uns in die schöne und entspannende Natur gehen. Monnem besitzt zwei bzw. drei Wälder, zwei davon sind Stadtwälder. Die Bäume im Norden heißen heute Käfertaler Wald bzw. Stadtwald Nord und umfassen etwa 1140 ha Fläche, wobei etwa drei Viertel bewaldet sind. Der Brot-und-Butter-Baum ist hier die Föhre. Weitere Flurstücke auf hessischer Gemarkung (Lorsch, Lampertheim und Viernheim) grenzen an. Auf eiszeitlichem Dünensand stehen hier hauptsächlich die erwähnten Kiefern, früher sollen es Eichen und Buchen gewesen sein.

Ohne den schönen Wald zu verlassen, gelangt man vom Karlstern nach etwa 20 km in die für ihre Kulturstätten berühmte Stadt Lorsch. Hier findet sich das wirklich einzigartige Unesco-Weltkulturerbe, das Kloster Lorsch. Viele sind vor Ort enttäuscht, denn es steht nicht mehr viel mehr als das Eingangsportal. Dieses kann sich aber sehen lassen, denn es ist eines der letzten und besterhaltenen Bauwerke aus der Karolingerzeit (ca. 750 bis 900 n.Chr.). Ein wahres Schmuckstück! Ich liebe es. Es gleicht einem alten römischen Gebäude, mit drei Torbögen und kleinen Rittertürmchen an jeder Seite. Um das Bauwerk herrscht eine tolle Atmosphäre, man kann das Mittelalter und die spirituelle Energie förmlich spüren. Lassen Sie uns kurz abschweifen und die berühmtesten Karolinger vor unser geistiges Auge führen. Wir könnten mit ihnen verwandt sein? Zum einen wäre das *Karl Martell*, genannt der Hammer, und *Karl der*

Große. Letzterer wird von manchen als Urvater Europas gesehen. Tatsächlich schuf er das größte aller Reiche (Karl eroberte das Sachsenreich, Bayern, die Lombardei, Gallien, große Teile Germaniens etc.) und erlangte die Kaiserwürde in Rom.

Der Käfertaler Wald wurde im Zeitalter des Barrock für Treib- und Hetzjagden genutzt. Zu diesem Zweck wurde am Karlstern ein Jagdhaus (auch Jagdschlösschen genannt) errichtet, ein weiteres stattliches Forsthaus fand sich tief im Wald auf einer Lichtung mit großen Eichen (an der Stelle befindet sich heute eine schöne Gedenkstätte mit zwei Bänken). Zusätzlich zu seinem Jagdrevier und der Hütte baute sich der Kurfürst (Theodor und Ehefrau Stephanie) noch ein Wildtiergehege. Damals beim Bau ging aber einiges schief. Es klingt wie ein richtiger Schildbürgerstreich. Man benötigte für den Bau etwa 10.000 Palisaden aus Fichtenholz, 10.000 Holzpflöcke und 15.000 Borde. Das Gehege wurde von Grenadieren und Fronarbeitern gebaut. Die ganzen Arbeiten dauerten etwa ein Jahr. Dann kam das Wild während einer Hetzjagd hinein, u.a. Hirsche und Rehe, schon bald musste man feststellen, dass die flinken Tiere über den neuen Palisadenzaun sprangen. Er war schlicht zu niedrig ausgelegt worden. Alle Pfosten mussten raus und es wurde komplett neu, diesmal mit etwas längeren Eichenpfosten (nun wissen wir, wo die Eichen abgeblieben sind), wieder aufgebaut. Anscheinend nahmen die Mannheimer das gelassen, niemand regte sich über die Verschwendung der Steuergelder auf, denn immerhin mussten die Bürger damals zusätzlich Fronarbeit leisten. Da waren die

Käfertaler immer fleißig dabei und hatten bei ihrem Landesherrn deshalb einen guten Stand, hier gab es treue Untertanen, ein gut ausgebautes Jagdgebiet und sieben angelegte Seen zum Tränken des Viehs und der Pferde.

Früher stand wohl fast niemandem der Sinn nach Waldbaden, Wandern oder Naturbeobachtungen. Ein Wald war Nutz- und Gebrauchsareal. Im Käfertaler Wald stand ein Großteil der Nutzung nur dem Adel zu. Ansonsten hatten die Menschen auch wenig Zeit, um sich von ihrer Arbeit loszureißen, und das Wort Freizeitgestaltung kam erst viel später in der modernen Welt auf.

Zum Glück wissen wir heute um die Einzigartigkeit unseres Stadtwaldes und immer mehr Menschen genießen dort die gute Luft und die Wunder der Natur. Gerade zu Coronazeiten erlebte ich den Wald so voll wie noch nie oder nur bei früheren Hofjagden. Was für ein Dusel, dass wir so etwas direkt vor unserer Haustüre haben. Im Wald wird zwar immer noch gejagt, aber Hetz- und Treibjagden gehören der Vergangenheit an. Auch das Jagdschloss des Kurfürsten Carl Theodor in Käfertal ist heute eine Schule (gemeint ist die Käfertalschule). Lediglich der damals gegründete Schützenverein, die Schützengesellschaft SG1744, gibt es noch. Sie ist Mannheims ältester Verein.

Mittlerweile gibt es im ehemaligen Jagdwald des Fürsten so viele Wildschweine und Marder, dass sie regelmäßig mit Beginn der Dämmerung die angrenzenden Stadtteile aufsuchen und umherstreifen. Bei abendlichen Spaziergängen in der Gartenstadt ist es keine Seltenheit, dass man plötzlich einer ganzen

Wildschweinrotte gegenübersteht. Aber entgegen mancher Meinungen sind die Tiere nicht aggressiv. Auch wenn mal Frischlinge dabei sind, bleiben die Borstentiere ruhig. Am besten, man bleibt stehen, beobachtet sich gegenseitig und irgendwann trollen sich die borstigen Nachbarn davon. Meistens suchen sie mit ihren in der Dunkelheit funkelnden Augen schnell das Weite. Weitaus »gefährlicher« sind hier schon die Schweine im Gehege, denn die sind manchmal beim Füttern (natürlich seit kurzem verboten), so wild und rasend, dass schon so mancher Besucher und Tierfreund von oben bis unten mit Schlamm bespritzt war.

Der Stadtwald bietet eine unglaubliche Fülle an Naturbeobachtungen, neudeutsch könnte man sogar sagen *Bushcraft*–Erlebnisse, für den, der achtsam ist. Zudem gibt es noch jede Menge *mystische* und *verlorene Plätze*. Als Beispiel führe ich hier die etwa 60 Jahre alten vom US Militär aufgegebenen und zum Teil offenen Bunker tief im Wald an, die Kräuter sammelnde Jungfrau (nicht ganz leicht zu findender Gedenkort), Drei Eichen (dort befindet sich auch ein sehr tiefes Loch) weiter geht es mit verfallenen Gebäuden, von denen nur noch die moosbewachsenen Grundmauern übrig sind, die alten Schießstände und Übungsplätze, die noch voll sind mit Hinterlassenschaften des Militärs, dann der Grenzweg mit seinen vielen hunderte von Jahre alten Grenzsteinen mit eingemeißeltem Wagenrad-Emblem (Fleckenzeichen[9]) oder die Bild-Stele der gläsernen Jungfrau Walpurga (hier brennen häufig Kerzen und Blumen werden niedergelegt). Es gäbe noch manches aufzuzählen (kommt noch) und zu entdecken.

Für Erholungsuchende sind die Möglichkeiten schier unendlich. Alles zu erwähnen würde den vernünftigen Rahmen sprengen. Deshalb, liebe Leserin und lieber Leser, meine Lieblinge. Der Weiher am Karlstern ist hier mein absoluter Top Platz, an dem ich viel schreibe, vor allem die drei Bänke etwas oberhalb, mit gutem Blick auf den Tümpel. Eine Kanne grünen Tee dabei, was will man mehr. Übrigens ist das Gewässer beim Bau der Autobahn (Viernheimer Dreieck) entstanden. Es diente als Kiesgrube. Mein Zweiter Lieblingsplatz ist die Kneippanlage. Dort gibt es viele Sitzgelegenheiten, eine Wiese und eine kleine Schutzhütte. Leider ist das blaue Wasserbecken in letzter Zeit oft außer Betrieb. Ein Forstmitarbeiter erzählte mir, dass sogar schon mal ein Pferd durchgelaufen sei. Ich liebe es, im Sommer vorbeizuschauen und mich abzukühlen. Manchmal dreimal am Tag, dann setze ich mich noch auf eine der bequemen Sitzmöbel aus Holz und esse etwas mitgebrachtes. Wenn die Marillen reif sind, bekommt man dort gratis gelbe Früchte. Man entdeckt sie nur nicht gleich und sollte etwas suchen. Sehr gerne bin ich auch bei Bruno (kapitaler Hirsch) und seiner Truppe. Im Kä-

---

9 Fleckenzeichen kennzeichneten Orte bzw. Flecken. Das Symbol eines Ortes oder der Eigentümer wurde auf dem Grenzstein verwendet. Die Jahreszahl gibt in der Regel das Aufstelldatum an. Beim Wagenrad könnte es sich um das Mainzer Rad handeln.

fertaler Wald gibt es ja zwei Wildtiergehege, manchen geht das kleinere und etwas Abseits gelegene durch. Hier gibt es Hirsche und Hirschkühe. Einer ist der Chef, der älteste, gerade wächst sein Geweih wieder in enormem Tempo. Etwa im September wird Brunft sein und dann ist im Gehege die helle Aufregung. Bruno röhrt, was das Zeug hält, und alle anderen rennen panisch vor ihm davon. Aufgrund der Umzäunung können sie nicht entkommen. Mutige Tierschützer versuchen hier oft tagelang aufopferungsvoll schlimmeres zu verhindern. Am Ende der Brunft sind alle platt und Bruno hat stark abgenommen. Hier gibt es auch schöne braune Holzbänke zum Verweilen und mit viel Geduld kann man an einer bestimmten Stelle, wenn man sich ganz ruhig verhält, Eichhörnchen füttern. Die lustigen Tiere kommen gerade zu einem und nehmen die Nüsse aus der Hand. Ich liebe die Tierchen mit ihrem buschigen Schwanz, sie sind Kletterkünstler und wirken immer freundlich. Die meisten haben rötliches Fell wie ein Fuchs, einige wenige sind dunkelbraun bis fast schwarz gefärbt.

So, liebe Leserin und lieber Leser, nun kommt noch ein letzter Platz, dann wollen wir weiter ziehen. Es ist der Glockenbuckel, eine eiszeitliche Dünenlandschaft im Bereich des Wasserwerkes. Die Böden sind hier mager und sandig, weswegen wir eine ausgesprochen besondere Flora und Fauna haben. Bei dem Gelände handelt es sich außerdem um ein ehemaliges Übungsgelände der Alliierten. Hauptsächlich Kettenfahrzeuge pflügten hier jahrzehntelang alles unter und hielt so die Dünen frei. Damit dies so bleibt, erledigen heute diesen Job Schafe und Ziegen.

(Alte Föhre/ Kiefer, deren Wurzeln frei liegen, weil der feine gelbe Dünensand ausgewaschen wurde.)

Von den Amerikanern blieb nur noch eine kleine Einheit auf dem Flugfeld Sandhofen übrig. Beim Glockenbuckel, der übrigens 113 Meter hoch ist, steht oben auf eine wunderschön verwurzelte alte Kiefer. Ein sehenswerter Anblick für alle, die Bäume mögen. Es ist fantastisch wie dieser Kerl um seinen Stand kämpft. Die Wurzeln liegen mittlerweile durch Erosion etwa einen Meter rings um den Baum frei. Am Glockenbuckel ziehe ich gerne meine Schuhe aus und laufe barfuß durch den eiszeitlichen dottergelben feinkörnigen Sand. Für die Füße und die Beine ist schuhloses Gehen übrigens das beste, was man tun kann. Langes barfüßiges laufen und Sie bekommen die schönsten Beine der Welt, denn hier werden alle Muskeln bedient und es ist ein gutes Peeling für die

Sohlen. In Schuhen findet der Fuß oft viel zu leicht einen stabilen Halt und die Sehnen, Bänder und Muskeln werden nicht optimal beansprucht. Der Sand lädt auch zum Verweilen und Hinlegen ein. In Kombination mit einem Besuch im eiskalten Kneippbecken ist das wie ein kurzer Urlaubstrip. Ich möchte Ihnen folgendes ans Herz legen. Gönnen Sie sich viele gratis Auszeiten im schönen Stadtwald und finden Sie ihre eigenen Lieblingsplätze dort. Ein großes Lob an dieser Stelle möchte ich allen aussprechen, die dafür Sorge tragen, dass der Käfertaler Wald geschützt und gepflegt wird. Auch hier nimmt die Vermüllung ein unerträgliches Ausmaß an. Ich selbst sammle dort regelmäßig Müll. Natürlich kann jedem mal ein Stück verloren gehen, das ist normal. Aber es gibt wohl Bürger, die dort an den tollsten und oder abgelegensten Plätzen Partys veranstalten, und alles bleibt danach liegen. Das ist sehr schade und stört mein Bild vom Wald. Ich treffe dort mittlerweile so viele Menschen, die Unrat freiwillig aufheben, dass mir das wirklich Kraft gibt. Die größten Mengen holen die Freunde des Karlsterns (es handelt sich um einen eingetragenen Verein) raus. Natürlich führt das vermehrte Besucheraufkommen im Rahmen des Lockdowns auch zu mehr Verunreinigungen. Aktuell ist die überaus beliebte Grillhütte nach Aussagen des Vereins (siehe Vereinshomepage unter Links) durch Vandalismus zerstört und unbrauchbar. Ich würde die Hütte nicht wieder aufbauen, denn dort werden nur Leichenteile gebraten und der Geruch ist für die Waldbewohner mit Sicherheit nicht angenehm. Der Bereich um die Hütte gleicht meistens einer Müllkippe, obwohl dort zwei riesige Sammel-Container stehen. Es setzt sich fort, was bei der Massenproduktion der Tiere angefangen hat. Die Achtsamkeit ist verschwunden. Aber das ist meine Meinung und viele von Ihnen werden das anders sehen dürfen.

Wenden wir uns langsam dem nächsten Kapitel zu, von dem mit Sicherheit niemand geträumt hätte, schon gar nicht die Älteren. In solchen Zeiten ist Waldbaden, das Aufsaugen von Terpenen (beruhigender Duftstoff von Bäumen) und ätherischen Ölen überlebenswichtig. Nach meiner Stimmung hilft heute nur noch die Natur, um nicht verrückt zu werden. Mittlerweile behauptet die Wissenschaft sogar, dass beim *Shinrin Yoku* (Waldbaden auf Japanisch, dort ist es alte Tradition) sogar das Gehirn und hier die Region Mandelkern positiv beeinflusst wird.

Am Ende, liebe Leserin und lieber Leser, möchte ich Sie zu den Parforcejagden im 17. Jahrhundert entführen. Was glauben Sie, wie viele Teilnehmer eine solche Veranstaltung aufwies? So eine Show war damals eines der größten Ereignisse. Man könnt es vergleichen mit einem Pokalendspiel oder einem Konzertbesuch bei den Rolling Stones. Also reden wir Tacheles, es nahmen bei solch einem Ereignis etwa 1.000 Kutschen teil und es gab Plätze für zehntausende von Menschen. Mit einem großen *Halali* zogen die Jäger dahin und viele Jagdhörner erklangen. Dann gab es noch Freibier und der Kurfürst berappte dafür einige 10.000 Gulden. Also zur damaligen Zeit, im Käfertaler Wald, ein Mega-Event, zum Nachteil des gejagten Wilds. Das Ganze war nämlich auch ein großes Gemetzel. Der Kurfürst schoss meistens im Sitzen (den ganzen Tag), wie bei Ego Shootern, und es gab regelmäßig Unfälle.

Daneben beherbergte der Karlstern, der ja zu Ehren des Kurfürsten Karl Theodor so genannt wurde, noch dutzende weitere skurrile Geschichten. Es gab dort tatsächlich einen Zoo mit Affen und Löwen usw. Vielleicht haben Sie Lust bekommen, liebe Leserin und lieber Leser, schauen mal vor Ort selber nach oder recherchieren noch ein bisschen zu diesem Thema im Quellenverzeichnis und den weiterführenden Links. Seit kurzem hat die Bisonherde einen neuen Leitbullen, die zwei letzten verstarben an zu vielen Backwaren, deshalb ist das Füttern aller Tiere verboten. Der neue Bulle ist ein echter Star, er steht voll im Saft, den müssen Sie gesehen haben.

RUHIGE ZEITEN

Treib- und Hetzjagden, liebe Leserin und lieber Leser, die das Wild in Panik versetzen, sind gottlob, lange vorbei. Aktuell hat uns das unsägliche Virus in seinem Würgegriff und treibt uns vor sich her wie früher die Jäger die Hasen. Große Teile der Welt sind in Angst und Schrecken versetzt und somit natürlich auch die heimliche Welthauptstadt Mannheim. Auch die Mannheimer können sich dem »Horror« Covid19 und seinen schlimmen Folgen nicht entziehen. Früher bei der Pest hat man ganze Städte abgeriegelt in der Hoffnung, so dem »schwarzen Tod« zu entrinnen, manchmal vergeblich, wie schon Albert Camus in seinem Roman »Die Pest« feststellt. Monnem ist ein bisschen wie Angkor Wat[10] – die ganz großen Glanzzeiten sind schon lange vorbei, trotzdem ist es noch immer beeindruckend.

Nach Wochen und Monaten regte sich hier so langsam zarter, nicht immer vernünftiger Widerstand gegen die Maßnahmen. Es war Sommer und beste Reisezeit. Die Bürger konnten es einfach nicht mehr aushalten. Meinungen zum Lockdown und dem Status Quo gingen von A bis Z, das meint von totaler Zustimmung bis hin zur totalen Verleugnung des Virus. Alle Extreme sind einer Demokratie nicht zuträglich. Ich selbst trete immer für den goldenen Mittelweg ein oder zumindest den silbernen. Natürlich findet man

---

[10] Größte religiöse Tempelanlage der Welt in Kambodscha.

diesen Pfad oft nicht sofort, deshalb ist es wichtig, im Dialog zu bleiben und das Für und Wider miteinander abzuwägen. Die Einwohner und ihre Sorgen ernst nehmen und für Verständnis werben, das schafft am meisten Transparenz. Es ist irgendwie wie bei der Erziehung. Mit bloßer Autorität oder Strenge erreichen Sie keine auf Dauer ausgelegte Verhaltensänderung bei den Kids, »Pubertieren« oder Bürgern, sondern es kann zu Reaktanz führen. Außerdem unbedingt Informationen sammeln, am besten evidenzbasiert und vernünftig bewerten, das kann natürlich erstmal Zeit in Anspruch nehmen. Aber die ist genug da. Viele von ihnen werden erstaunt sein und können mir hier eventuell nicht folgen. Die Erde ist schon Milliarden Jahre alt und es werden noch ein paar dazukommen. Das Weltall ist unendlich und dehnt sich trotzdem immer noch weiter aus. Zeit ist genug vorhanden, wir haben wohl das Gefühl dafür verloren und glauben, durch die ganze Hetze dieser Tage, es wäre zu wenig da. Doch da sind wir, denke ich, alle den Zeit-Räubern auf den Leim gegangen. Aber schweifen wir nicht weiter ab, denn diese Thematik (würdevolles Leben) hatte ich schon in meinen anderen Büchern aufgegriffen. Selbst traf ich viele, die vor Panik ganz blass waren und in Angst erstarrten. Nachbarn, die wochenlang ihre Wohnung nicht verließen und zu keiner Menschenseele persönlichen Kontakt hielten. Diese Personen taten mir aus tiefstem Herzen leid und ich versuchte meist per Textnachricht oder im telefonischen Kontakt ihre Furcht zu mildern. Einkäufe vor die Türe zu stellen, war noch das mindeste, was man tun konnte.

(Versammlung während der Corona-Zeit auf dem alten Marktplatz. Im Hintergrund der alte Brunnen, der mit seinen Göttern, die die vier Elemente verkörpern.)

Das wichtigste in solchen Zeiten ist der gesunde Menschenverstand und: »Bilden Sie sich ihren eigenen Standpunkt durch das Studium vieler unterschiedlicher und unabhängiger Quellen.« Das ist möglich, for sure! Dann gibt es auch noch solche, die sich generell an nichts halten. Erstaunlich war für mich, dass so mancher harte coole Charakter in meinem Bekanntenkreis plötzlich ganz, ganz viel Angst um seine Gesundheit hatte. Zigarettenkonsum, schlechte Ernährung, Alkoholmissbrauch, Bewegungsmangel, Feinstaub, Übergewicht, Schadstoffe das alles konnte diesen Burschen nichts anhaben. Selbstverständlich nehme ich die Gefühle der anderen ernst, versuchte aber auch Sie mit Statistiken zu beruhigen. Bei einigen Jungen und total fitten war ich doch sehr überrascht. Einige stürzten in eine Lebenskrise. Vor Corona waren diese Leute augenscheinlich unangepasst und kleine Revoluzzer, das galt aber wohl nur so lange, wie sie nicht selbst betroffen waren. Ein kleiner angeblich runder bunter Virus mit länglichen Fortsätzen wie Hörnern zeigte allen, wer der Boss ist. Auch solche toughen Kerlen (ich kenne ja hauptsächlich blaue Cowboys) waren nun Teil der Massenhysterie. Ich will mich da nicht rausnehmen. Meine Stimmung und Einschätzungen unterlagen Schwankungen. Zu keiner Zeit hatte ich jedoch Todesangst um mich oder meine Angehörigen. Lediglich um meine betagte Mutter machten wir uns Sorgen. Aber das verflog schnell, als ich sah, dass sie die Verhaltensregeln nicht einhielt und auch nur gespielte Hysterie zeigte. Sie stand im Mittelpunkt, alle wollten sie schützen, das gefiel ihr. Selbst tat sie nur wenig dazu. Sie hatte da ihren ganz eigenen Standpunkt, den wir respektierten.

Irgendwann war auch dem letzten im Lande und unserer Stadt klar, dass es so nicht weitergehen kann. Das Motto hieß nun »Leben oder später sterben!«. Manchen war dann der *hedonistische* Lebensstil doch wichtiger, aber immerhin haben wir eine gewisse Shopping-Abstinenz einige Monate durchgehalten. Das war und ist doch eine einzigartige Erfahrung und Lehrstunde. Mir selbst ist das alles einerlei. Was mir aber wichtig ist, ist, dass ich mich selbst entscheiden kann. Ich möchte nicht, dass der Staat oder andere für mich denken, handeln und Entscheidungen treffen, die meine Würde und meine Grundrechte tangieren. Auch empfand ich es als total unfair, dass nur manche arbeiten mussten oder sollten wir sagen durften? Das kann nur jeder für sich selbst beantworten.

Ich musste die letzten Jahre als »Bulle« auch immer ran, also ist mir diese Situation bekannt. Und ich darf anführen, dass ich manche extrem gefährlichen Einsätze für das Land bzw. zur Durchsetzung der Regeln, sprich Gesetze, absolvierte. In Brockdorff und der Startbahn West wurden meine Kollegen beschossen. In 30 Jahren Polizeidienst hatte ich so einige Kameraden verloren. Angefangen von Angriffen, über schlimme Krankheiten (im Dienst infiziert) über dramatische Unfälle im Einsatz. No Problem, wir suchten uns diesen Beruf raus, aber es gab schon Missionen, da war mir vorher schlecht vor Todesangst. Und von meiner Familie habe ich mich manchmal verabschiedet, als würde ich sie nicht wiedersehen (die wussten das aber nicht).

Aber, liebe Leserin und lieber Leser, was passierte in der inoffiziellen Welthauptstadt während Corona? Hier regte sich mit zunehmender Dauer des ruhigen Lebens der Widerstand oder zumindest wurde vorsichtig nachgefragt. In Mannheim, Heidelberg und drumherum gab es Demos gegen den Lockdown. Ich finde, das muss eine »Demokratie« aushalten, und bin sehr froh, dass verschiedene Gerichte entschieden, dass diese Grundrechte als auch durch eine Pandemie und einen Lockdown nicht per se verhandelbar sind. Das ist auch meine Meinung, Grundrechte und Menschenrechte dürfen durch nichts massenhaft eingeschränkt werden.

Zum Glück ist diese Phase Geschichte, im zweiten Lockdown light oder Dauerlockdown läuft es gefühlt runder. Ein gewisser Gewöhnungseffekt tritt ein, denn wir sind schon alle Profis in Pandemie-Alltagsabläufen. Die Demokratie hat diesmal noch gehalten. Ich wünschte und sehnte mir aber einen horizontaleren Dialog zu diesem Thema, denn auch in der Wissenschaft gingen die Meinungen stark auseinander. Wäre ein unabhängiger Corona-Ausschuss, der offen tagt, nicht eine wunderbare Sache? Es gibt Fachleute, auf die wird gehört, und andere, die werden einfach beschränkt, aber ohne, dass man sich mit ihren Standpunkten und Einlassungen öffentlich auseinandergesetzt hat, und überhaupt wäre das Beste gewesen, alle hätten miteinander diskutiert anstatt gegeneinander und ohne sich ständig zu diskreditieren. Wissenschaftler sind auch nur Menschen. So weit sind wir wohl aktuell nicht, aber es bessert sich. Die Meinungsvielfalt in Sachen Pandemie nimmt zu, das ist vielleicht auch der Datenlage (es gibt immer mehr gute Studien), die immer umfangreicher wird, geschuldet.

Wollen wir die Daumen drücken, dass beim nächsten Mal der Plan besser ist. Ich für mich entscheide mich immer für ein Leben in Freiheit und Selbstbestimmtheit, denn das bedeutet für mich ein würdevolles Dasein. Von den Kirchen hatte ich Trost und Zuspruch erhofft. Aber die Kirche ist mit dem modernen Leben wohl genauso überfordert wie früher mit dem nationalsozialistischen Terror. Ich verlinke Ihnen hierzu einen Artikel, der das ganze Dilemma dieser Institution eindrucksvoll aufzeigt. Die Kirchen sind, glaube ich, nicht die Anstalten, die die Menschheit aus ihrer Sinnkrise führen. Liebe Leserin und lieber

Leser, ich möchte hier keine religiösen Gefühle verletzten. Selbst bezeichne ich mich ja als sehr gläubig.

Und eines möchte ich noch zu bedenken geben. Unsere Verfassung und die Grundrechte, so, wie wir sie heute haben, sind ein wunderbares Geschenk für uns. Nutzen Sie ihre Grundrechte, liebe Leserin und lieber Leser, aktiv und schützen Sie sie. Nehmen Sie Ihre Rechte wahr und haben Sie Freude daran. Wenn man versucht, Ihnen die Grund- und Menschenrechte durch Angst und Panik einzuschränken, dann sollten die Alarmglocken angehen. Ich glaube nicht, wie so manche Mannheimer Sänger, an eine große Verschwörung. Meine Idee ist, unsere Politik macht einen guten Job. Sie wirkt aber leicht überfordert, planlos und sieht überall Nägel, auf die Sie dann mit dem Hammer draufhaut. Etwas mehr Feingefühl wäre angebracht. Bleiben Sie einfach aufgeweckt, friedlich, tolerant und lassen Sie sich nichts vorkauen. Wissen ist Macht und es macht nichts, sich aus unterschiedlichen Quellen Informationen zu beschaffen und diese zu bewerten und sich dann eine Meinung zu bilden. Durch Personen wie den amerikanischen Präsidenten und seinen Umgang mit den Medien wird es sehr schwierig, die Wahrheit von der Lüge zu unterscheiden, und allzu oft findet sich in einem gesunden Dualismus die goldene Mitte. Aber zu unserem großen Glück haben wir noch unseren gesunden Menschenverstand und das Recht (vom Universum verliehen) auf ein würdevolles Leben. Darunter versteht jeder etwas anderes, wie wir im nächsten Kapitel sehen dürfen.

HANS-BÖCKLER-PLATZ

Ich glaube die wenigsten der Leser, und ich eingeschlossen, kennen diesen Platz. Mir ist er nur bekannt, weil ich in meinem vorherigen Leben und Beruf die armen gestrandeten »Penner«, »Trinker« und »Obdachlosen«, nachdem sie in der Stadt unerwünscht waren, hierher »vertrieben« habe. Irgendwie war das schon so ähnlich wie bei den Hetzjagden zu Zeiten des Kurfürsten im Käfertaler Kiefernwald. Erinnert auch irgendwie an Hänsel und Gretel, die waren auch unerwünscht (die Eltern hatten nicht genug zu essen) und deshalb wurden sie im tiefen dunklen Wald ausgesetzt. Manche anderen Gesellschaftsgruppen sind ebenso ungeliebt und werden an den Rand gedrückt. Dorthin, wo sie nicht so auffallen.

Klar sind bestimmte Individuen und Tippelbrüder für das Stadtbild kein schöner Anblick und manche stören aktiv und passiv stören sich manche anderen daran. Ganz unangenehm wird es, wenn der tägliche Abfall und das Leben sich direkt vor dem Eingangsbereich eines Ladens abspielen. Dann kann es schon passieren, dass so einige Kunden nicht mehr rein gehen und die Nase rümpfen und der Inhaber leerere Kassen hat. Das lässt sich niemand freiwillig bieten. Damals also, das ist schon über 20 Jahre her, gab es wohl zu viele Clochards und anderes »Gesindel«, dazu zählten auch Fixer, Dealer, Punks, Landstreicher, Penner, Trinker, Obdachlose, einfach alles, was nicht in das gewünschte Stadtbild passt.

Die Oberen suchten damals nach einer Lösung. Nicht verdenken kann man es einem Zechbruder, dass er lieber in einer schönen gepflegten Innenstadt seinem Job der einem Lotterleben gleicht, nachgeht. Wer haust schon gerne freiwillig außerhalb der *Downtowns* oder unter Brücken, zumindest tagsüber möchte man doch dahin, wo das Leben pulsiert und teilhaben am gesellschaftlichen Treiben. Ich will es ihnen nicht verdenken. Wobei mich der Anblick auch schon verschreckte.

(Hinter einer Werbetafel versteckt leben hier Menschen. Tatsächlich sind sie fast nicht zu erkennen. Morgens, im Dezember, es regnet und alle schlafen noch.)

Eine Anekdote hierzu. Es gibt in Mannheim große Sippen, in denen eigentlich jeder trinkt und/oder rumgammelt. Eine sehr bekannte heißt so ähnlich wie Zoff. Nennen wir sie deswegen die *Zoffingers*. Früher also noch vor dem Hans-Böckler–Platz, hingen die

Lebenskünstler am schönen Mannheimer Marktplatz im Quadrat G1 ab. Sie wissen schon, am Barocken Brunnen der vier Elemente, der mitten auf dem gepflasterten Platz zu finden ist. Hier ist übrigens einer der geilsten Lebensmittel Märkte in der Republik ansässig. Die Atmosphäre um die Zisterne mit der Kulisse des alten ebenfalls barocken Rathauses in rotem Sandstein und der St. Sebastian Kirche ist einzigartig. Auch die Größe und das Angebot sind mega und extrem lecker. Es gibt viel exotisches, italienisches, griechisches und türkisches und eine außergewöhnliche Frische, das liegt an unserer tollen Mischung. Foodtrucks bedienen den schnellen Hunger. Gehen wir zurück zu dem Tag an dem das Unwetter über den Bohemes aufzog. Wenn auf dem schönen Kopfsteinpflaster keine Marktstände und so aufgebaut sind, dann gibt es dort Tische und Stühle zum Verweilen. In Steinwurfnähe versammelten sich hier immer die mehr oder weniger erfolglosen oder gestrandeten »Hemmingways« und »Steinbecks« und tranken unter der glitzernden Sonne. Sie erzählten sich lautstark und wild gestikulierend ihre Heldengeschichten und Weisheiten. Manchmal ging es sehr lebendig zu, der eine oder andere Protagonist fühlt sich missverstanden oder musste seine Ehre verteidigen, es kam zu Prügeleien und vielen skurrilen Szenen. Es war ein kleines Open-air-Sommertheater. Hier an der Quelle die Darsteller und dort die kostenlosen und unfreiwilligen Zuschauer. Ab und zu tauchte die grüne Minna[11]

---

[11] Gefangenentransport Fahrzeug der Polizei. Meistens ein alter

auf und manche der Hauptdarsteller verschwanden darin. Sehr zum Leidwesen des Publikums. Die Sommer werden immer heißer und der Durst wohl auch. So kommt es vor, dass die Jungs zu den Leuten an die Tische gingen und bettelten. Das funktionierte so einige Wochen ohne Aufsehen. Es war ja auch irgendwie die wohlverdiente Gage. Die Gäste gaben häufig ein paar Groschen, damit die total verdreckten Gestalten schnell wieder das Weite suchten. Mit Sicherheit hatten sich die Gastronomen auch schon bei den Oberen beschwert, aber waren auf taube Ohren gestoßen, wie das ja so oft gang und gebe ist. Erst, wenn was passiert, wird reagiert. Klingt für mich fast so wie ein menschliches Naturgesetz.

An einem Tag mit Kaiserwetter geschah aber das Unverhoffte. Ich denke, niemand hatte diese Entwicklung kommen sehen und so perplex waren alle darüber. Unser bekannter und trotz seines Lebensstils recht muskulöser Herr Zoffinger mittelgroß, stämmige Gestalt, zerrissene Jeans, braune längere Haare stellte sich vor die Scheiben eines Warengeschäftes und cremte dort seinen sonnengebräunten und mit schlechten Seemannstattoos übersäten Body ein, dann ging er zu den zahlenden Gästen an den Bistrotischen und bat um eine kleine Spende für sein flüssiges Hobby. An irgendeinem der »Bankhäuser« wurde sein Begehren nach einem Kredit bzw. einer Unterstützung abgelehnt. Der genaue Wortlaut dieses Gespräches ist nicht bekannt. Es tut auch nichts zur

---

ausgedienter Bus.

Sache. Der unhöfliche, unsympathische, raffgierige und immer auf seinen Vorteil bedachte Mister X (ist ein böser Typ aus den Comics vom Globi-Verlag) beschied das Anliegen negativ und Zoffinger ärgerte sich gewaltig. Eigentlich war bis zu diesem Zeitpunkt mit den Trinkern ein Auskommen möglich gewesen, manche belustigten sich ja auch an den Schaugefechten und es hatte etwas von Gladiatorenkämpfen im alten Rom oder vom amerikanischen Wrestling. Brot und Spiele sozusagen im Mannheimer Kolosseum (Marktplatz), aber alles freiwillig und ohne Löwen, die zum Schluss die Verlierer fraßen.

Zoffinger, die coole Type, änderte kurzerhand das bisherige Drehbuch, nahm einfach das Bierglas von dem Geizhals X und trank es aus. Das machte Schule und alsbald wurde nicht mehr um monetäre Almosen gebettelt, sondern gleich das flüssige Gold getrunken. Es war das Ende des Paradieses für die »Rumtreiber« und Laien Theatertruppe. Der Krug war gebrochen und die Stadt überlegte sich einen Plan, wie sie die immer unverfroreneren Damen und Herren der örtlichen Szene umsiedeln könnten. Jetzt kommt der Hans ins Spiel, also der Hans-Böckler-Platz. Der Mann, nach dem dieser Platz benannt ist, war ein großer Gewerkschafter. Ihm macht es wahrscheinlich nichts aus, dass hier in Mannheim auf einer Fläche, die seinen Namen trägt, eine Holzhütte bzw. ein Unterstand für Obdachlose errichtet wurde. Die Örtlichkeit ist gut gewählt, eigentlich direkt an zwei Hauptverkehrsadern gelegen, aber aufgrund ihrer Lage und Beschaffenheit für unkundige nicht erkennbar oder wahrnehmbar. Natürlich mussten hier ein paar bauliche Veränderungen vorgenommen werden. An einer Litfasssäule ist ein Bretterzaun gezogen. So sind die Jungs hauptsächlich von der einen Fahrbahn aus nicht zu sehen. Dazwischen schützen Gestrüpp und Gehölz. Lediglich von der anderen ebenso stark befahrenen Straße aus ist beim Vorbeifahren ein kurzer Blick auf die Szenerie zu erhaschen. Durch starken Kontrolldruck und Maßregeln konnte man schlussendlich die Partymeile dorthin verlegen. Ich denke, das war für viele ein Gewinn und das Ensemble wird dort in Ruhe gelassen. Es ist unglaublich, wie zäh diese Kerle sind und ihr Leben in Autoabgasen und Lärm fristen ohne zu murren oder zu knurren.

Für Außenseiter ist manchmal in einer Gesellschaft kein Plätzchen an der »Sonne« frei. Die besten Rollen vergibt das Leben nur wenig. Mit viel Glück dürfen sie aber am Rande und im Verborgenen hausen. Im Anhang finden Sie einen guten Zeitungsartikel darüber.

DER HÖCHSTE PUNKT

Tatsächlich gibt es auch im Mittelpunkt der Welt, also Monnem, den höchsten Punkt. Es ist kein Chimborazo[12], aber trotzdem nicht zu unterschätzen. Liebe Leserin und lieber Leser, es würde mich interessieren, ob Sie schon mal den beschwerlichen Aufstieg auf sich genommen haben? Also Spaß beiseite, es geht um die geografisch am weitesten über Meeresnull liegende Stelle innerhalb der Stadtgrenzen. Der spektakulärste Gipfel der Welt wird das hier nicht, aber für Monnemer Verhältnisse ist das nicht schlecht. Wo liegt diese sagenumwobene Erhebung in der Quadratestadt?

Wissen Sie es, liebe Leserin und lieber Leser? Wie wir bereits gehört hatten, gibt es in Mannheim zwei schützenswerte Forste. Den Käfertaler Wald im Norden und im Süden den Dossenwald. Der Dossenwald ist eher klein und erscheint wie eine Miniatur des nördlichen Gehölzes. Auch hier gibt es ein Wildtiergehege, einen Trimm-dich-Pfad, den Kühbrunnen (alter Brunnen, der angeblich bis auf die Römerzeit zurückreicht), Spielplätze, den Kreuzweg (die Via Dolorosa in Jerusalem lässt grüßen), Wander- und Joggingstrecken. Ein Teil der Grünfläche ist sogar Naturschutzgebiet und nennt sich Hirschacker. Hier gibt es wunderschöne eiszeitliche Flugsanddünen zu bestaunen. Fauna und Flora sind hier deshalb einzigartig.

---

[12] Ehemals höchster Berg der Welt.

Angeblich ist es eines der schönsten und einzigartigsten Flure in ganz Baden Württemberg und viele Mannheimer kennen weder den Dossenwald, den Hirschacker noch seine Wunder. Das darf sich doch bitte ändern! Auch wenn ich mich wiederhole und es immer auffallender wird. Das einzige, was in unserer schnellen Zeit hilft, ist Natur und mal abschalten, sprich, entschleunigen. Aber konzentrieren wir uns wieder auf den höchsten Punkt. Ich selbst bin fast jeden Tag im Wald unterwegs. Es muss mir schon was Gehöriges dazwischenkommen, dass ich nicht zumindest kurz nach draußen gehe und in die von Hormonen überflutete Waldluft eintauche. Schon ein kurzer Spaziergang im Grünen senkt erwiesenermaßen den Blutdruck, die Herzfrequenz und baut Stress ab. Bei manchen ist das schon nach 15 Minuten messbar und es kann mehrere Tage anhalten. Gibt es eine bessere Medizin? Und der Clou, „kost nix!«. *Wir wissen ja, die Monnemer hawe käh Geld.* Der Vollständigkeit halber erwähne ich hier, dass nur Teile des Dossenwaldes zur Mannheimer Gemarkung gehören. Insgesamt umfasst das Gebiet etwa 129 Hektar. Vorwiegend finden sich hier gewöhnliche Kiefern und Laubmischwald. Den Föhren verdankt der Flecken auch seinen Namen, denn »Dosse« steht im althochdeutschen für Kiefer. Im Jahre 2020 wurden zum Schutz des LSG- und NSG-Gebietes etwa zwei Drittel aller Wege für normale Besucher gesperrt. Das ist aber nicht weiter tragisch, denn es gibt noch genug zu erkunden. Wie beim Käfertaler Forstgebiet sind auch hier meistens menschliche Kulturgeräusche wahrzunehmen. Beispielhaft ist der Straßenlärm oder der angrenzende größte Güterbahnhof im süddeutschen Raum. Ich persönlich finde es schade, ich würde mir absolute Ruhe und Natur wünschen, das ist aber hier natürlich nicht möglich und es gilt, sich zu arrangieren. Der *Mischwald* ist ein guter Kompromiss, das Wegenetz gut ausgebaut und so sehe ich das positiv. Parkplätze sind reichlich vorhanden und es macht Spaß, hier durch zu schlendern und die Heidelandschaft zu bestaunen. Es gibt große Silbergrasstauden, blaublütigen Kreuzenzian, Strohblumen, Besenheide, bunte Flechten uvm. Ganz besonders gefällt mir immer die blauflügelige Schrecke. Richtigerweise hört sie auf den nicht ganz wohlklingenden Namen Ödlandschrecke und der ist auch Programm. Sie kommt auf mageren, hier sandigen und trockenen Untergründen gut zurecht. Die Farbe ihres Körpers passt sich dem Untergrund an. Auf den Flugsanddünen überwiegen die Braun und Gelbtöne und so ist sie hier bei uns in herrlichen divergierenden Erdtönen kontrastiert. Die Größe reicht von 1 bis fast 3 cm. Das allerschönste an diesen Tieren sind aber die Flügel. Geschlossen fällt die Schrecke am Boden nicht groß auf und ist perfekt getarnt. Kommt man ihr beim Wandern über die Wildromantischen Wege mit ihren Kiefernwurzeln aber zu nahe und sie öffnet ihre Flügel, um wegzufliegen, dann kann man sein blaues Wunder erleben. Die Schwingen dieses Insektes sind nämlich leuchtend blau wie Textmarker. Beim ersten Mal konnte ich nicht fassen was da vor mir hochfliegt. Wie schön und faszinierend ist das, dachte ich und glaubte, eine neue Tierart entdeckt zu haben, denn ich hatte bis dato noch nichts von dem blauen Kamerad gehört. Zumindest dass es so ein einzigartiges Insekt in Mannheim gibt. Ich bin jedes Mal ganz fasziniert, wenn ich diese geschützten blau transparenten Flügel sehe und das schnarrende Geräusch der Hinterbeine beim Flugsprung höre.

(Höchster Punkt Mannheims im Dossenwald, auf einer eiszeitlichen Sanddüne. Metallbox mit Gipfelbuch.)

Nur um die Wunder der Natur aufzuzeigen, erlaube ich mir hier noch die rote Ödlandschrecke zu erwähnen. Sie ahnten es schon. Hier sind die Flügel leuchtend rot. Auch in diesem Forst, gibt es einen Verein, Freunde des Dossenwaldes (leider keine homepage).

Lassen Sie uns jetzt auf den Berg gehen, um endlich den höchsten Punkt zu erklimmen. Dieser liegt tatsächlich im hier beschriebenen Dossenwald und zwar bei CHF5+GQ Mannheim (Google Plus Code). Der Gipfel oder, besser ausgedrückt, der Hügel ist stolze 114 Meter über normal Null. Wow, Sie sind bestimmt sprachlos. *Lacht!* Hier oben geht schon mal ein Lüftchen, deshalb immer die geeignete Wanderkleidung mitnehmen. Ganz, ganz oben auf dem Höhepunkt steht ein Gipfelkreuz und ein Gipfelstein. Am Kruzifix hängt, in einer Blechdose (Munitionskiste) wetterfest vertäut, ein Gipfelbuch. Also, wenn Sie mal dort sind, dann unbedingt da rein schauen und ein paar witzige Eintragungen lesen. Steigen wir ab, liebe Leserin und lieber Leser. und begeben uns in den Busch.

BUSCH, NECKAR- + INNENSTADT

Es handelt sich um total geile Stadtteile, liebe Leserin und lieber Leser, die mittlerweile landesweit für negative Schlagzeilen sorgen. Empfehlenswert ist hier das Video von Y. Yavuz mit dem Titel »Mannheims verlorene Viertel« oder die homepage der Beratungsstelle Amalie, für Frauen die aus der Prostitution aussteigen wollen, geleitet von Julia Wege. Den Link dazu finden Sie wie immer in den Anlagen. Früher, also vor ungefähr 20 Jahren, pulsierte hier das Nachtleben und man hatte das Gefühl, dass große Teile reinstes *Rotlichtmilieu* sind. Legendäre Kneipennamen wurden hier geboren. Bemühen wir kurz die Vergangenheit. Mir fallen so peinliche wie alles erklärende Namen ein wie: »*Onkel Otto Bar, Daddys Hobby Bar, Zum Freistoß, Filsbach Klause* (ein legendärer Ort – leider oder zum Glück abgerissen), *Le Palme* (steht heute noch), Las Vegas (war etwas außerhalb) und die *Bratröhre*. Zur Bratröhre muss man einfach noch ein paar Sätze fallen lassen. Hier trafen sich die Damen, die Kunden und einfach nur Hungrige auf ein Hähnchen mit Pommes. Ein total runtergekommener Laden, am Rande eines Industriegebietes auf der Frießenheimer Insel, aber voll mit schmutzigem faszinierendem Flair aus Träumern, Abenteurern, Rockern, Luden, natürlich dem Establishment, Zigarettenqualm und gescheiterten Existenzen. Im Gegensatz dazu war der Geheimrat, direkt an der Ecke K2 und J2, in der Innenstadt, neben dem alten Lichtspielhaus Atlantis (eines der besten in Mannheim, nach dem Odeon) eher nobel angehaucht, hatte aber in etwa das gleiche Klientel, nur dass es dort weniger Rauch gab und alles dreimal so teuer, aber auch saulecker war.

(Neumarkt mit öffentlichem Bücherregal in der Neckarstadt. Sehr beliebter Platz bei den Einheimischen mit oft schriller Atmosphäre.)

Die Filsbach war auch der Name einer Gegend zwischen den F- und K-Quadraten. Es soll früher ein dunkler und armer Stadtteil gewesen sein. Hauptsächlich wohnten hier Tagelöhner, Sackträger, Hafenarbeiter und in den R-Quadraten gingen damals Frauen der Prostitution nach. Später wurden die dann in die Neckarstadt abgeschoben. Geblieben ist bis heute ein illegaler Straßenstrich an dieser Stelle.

Hauptsächlich Drogenabhängige gehen heute hier »anschaffen«.

Wie gesagt einstmals ging's hier mächtig ab. Im Vergleich zu heute ein Trauerspiel, oder? Jede Zeit hat ihre Erscheinungen, die Medaille immer zwei Seiten und wahrscheinlich ist es ganz gut, ab und zu in Erinnerungen zu schwelgen. Die alten Zeiten sind vergangen, es gab Licht, aber auch Schatten, eben wie heutzutage, und man sollte sie ruhen lassen und nicht wie so manche Regierungen der westlichen Welt wieder heraufbeschwören. Was soll denn das Alte in einer neuen Welt anfangen? Ein Blick zurück ist natürlich erlaubt. Es gibt auch nichts dagegen einzuwenden, dass manches gefühlt doller war. Dafür gibt es heute anderes, zum Beispiel das »Schlautelefon« (Smartphone). Damals musste die Schmiere in den angesagten Vierteln mehrmals täglich Krawalle und Streitigkeiten zwischen Betrunkenen und Prostituierten klären. Hierbei kam es sehr, sehr oft zu Handgreiflichkeiten, die manchmal ganz elegant gelöst wurden. Oft fanden diese Auseinandersetzungen keinen Widerhall in Dienstberichten. Einer hatte sein *Fett* abbekommen und hatte dadurch wieder zur Vernunft gefunden. Meistens endeten solche »Diskussionen« auch nur mit ein paar blauen Flecken. Selten floss hier Blut oder jemand kam ernsthaft zu Schaden. Es herrschte noch so eine fürsorgliche Linie, dass, wenn einer ersichtlich platt war, dann war Schluss. Das würde ich mir heute auch wünschen, lieber mal paar Emotionen raushauen, aber dafür nicht über das Ziel hinausfeuern. Traurig ist, dass gegenwärtig viele in den *Overkill Modus* schalten oder verfallen und die Reaktionen ganz übertrieben sind. Die Dinge sind grenzenlos geworden, wie die Filmchen bei YouTube. Es hört einfach nicht auf und Sie erhalten ständig neue Vorschläge. Niemals sagt YouTube, so, gut, das war's, geh mal raus in die Natur. Es gibt nichts Neues mehr. Du bist gut informiert, schalte mal ab. Wunschdenken? Die Konflikte eskalieren zu oft ins Bodenlose. So wie aus einer Mücke einen Elefanten machen und dann mit Kanonen darauf schießen. Naja, vielleicht ändert sich das auch wieder mal, möglicherweise durch die Pandemien (ich glaube nicht, dass dieses Thema uns die nächsten Jahre verlassen wird), oder wenn wir gezwungen sind, den Schnellzug Richtung Abgrund (wir verbrauchen zu viele Ressourcen) zu stoppen. Mein Tipp: Bleiben Sie im Flow und halten Sie ihr positives Mindsetting. Wenn's dann anders kommt, hatten Sie wenigsten eine geile Zeit bis dahin.

Ein total kurioses Beispiel aus den alten schon über ein halbes Jahrhundert zurückliegenden Zeiten will ich hier anführen. Die »Grünen[13]« hatten hier einen Landesmeister in ihren Reihen. Der Kerl war riesengroß, ein Bär von einem Mann und ein famoser Boxer. Viele »Pfuis« (Gangster) und Halbstarke wollten sich einfach zum Spaß oder als Mutprobe mit ihm duellieren. Dann kam er angefahren mit der grünen *Minna* und es wurde nach fairen Regeln geboxt. Natürlich hat der »Adl[14]«, so hieß der feine Kerl, er war ein herzensguter Mensch, nie verloren (so wurde es

---

[13] Gemeint ist die Polizei.

[14] Adolf Brandenburger, Deutscher Meister im Boxen 1960.

mir überliefert). Und so mancher war hinterher schlauer. Ich erinnere mich an seinen Händedruck, als ich in meiner Polizeiausbildung zum ersten Mal auf ihn traf. Natürlich hatten mich die Kollegen mit Absicht zu ihm geschickt, denn sie wussten, dass ich den Handschlag nie mehr vergessen würde. Damals trafen wir beim Posten Brühl aufeinander. Ganz schüchtern ging ich in die Amtsstube und wurde von Adl freudig begrüßt, danach war meine rechte Hand gefühlt für die nächsten Tage zerstört und die Kollegen hatten ihre reinste Freude daran. Mich hat es nicht gestört, eigentlich war es eine Ehre und ein Ritterschlag, ich lachte, nachdem der Schmerz nachließ, mit.

Bleiben wir in der Gegenwart, liebe Leserin und lieber Leser. Heute sind die Stadtteile, was diese Problematik betrifft, wirklich ruhiger geworden. Es gibt stattdessen andere Konflikte. Der Rotlichtbereich regelt seine Probleme größtenteils selbst. Nur ab und zu landet ein frustrierter Freier bei der Polizei. Meistens ist die Brieftasche weg. Alles läuft gefühlt gesitteter ab. Die Gründe sind mir, wie schon dargelegt, nicht bekannt. Vielleicht sind die Bürger heute abgeklärter, aufgeklärter, gewiefter oder es gibt mehr Ablenkung. Ich glaube, das mit der Zerstreuung könnte ein tatsächlicher Grund sein. Wir hörten das ja schon bei den Benz-Baracken, auch hier ist es ja wirklich richtig friedlich geworden und die »Ureinwohner« sind eher geheime Stars als giftige Underdogs. So ist es wohl auch den benannten Stadtteilen ergangen. Es gibt mehr Multikulti (das war auch so eine legendäre Tanzbar in den S Quadraten), dafür weniger Aggressionen und Gewalt, zumindest sichtbar. Klar gibt es die üblichen Reibereien, gerade am Abend und insbesondere am Wochenende, wenn die Jungs und Jugendlichen betrunken sind. Dann kann es auch schon mal richtig abgehen und ab und zu bleibt einer mit einer Verletzung (meistens Messer oder Fußtritte) liegen und das Geschrei ist groß. Ich erinnere mich an einen legendären Einsatz in diesem Bereich. Die Polizei wollte damals, das dürfte so in den 90ern gewesen sein, mal so richtig aufräumen und ein Zeichen setzen. Deshalb verkleideten sich die Beamten als Bauarbeiter und in einer Hauruckaktion wurde der gesamte Stadtteil abgeriegelt. Wie so häufig bei Großaktionen steht der eingesetzten Manpower meistens kein großer Erfolg gegenüber, aber tolle Presse gibt es dann.

Mittlerweile haben sich manche Quartiere innerhalb der Stadtteile zu Künstlerkolonien und Nobelwohnungen gemausert. Der Busch (Jungbusch) ist wohl der bunteste »Kiez« aktuell. Alte Speichergebäude aus Backstein, wurden in luxuriösen Wohnraum umgewandelt. So ändern sich die Zeiten. Künstler, Yuppies und »Urbewohner« leben nun zusammen. Es kommt zu einem unglaublich pulsierenden Leben dort. Es sprüht, leuchtet, kracht, dreckt, glitzert und funkt geradezu das ganze Jahr durch. Ein tolles Fest mit schönen Einblicken in viele Geschäfte und Häuser ist die Lichtmeile in der Neckarstadt[15]. In diesen Vier-

---

[15] Kulturfestival, viele Häuser sind bunt beleuchtet und es gibt Szene, Kiez und Kultur satt.

teln, die die Gemüter spalten, beginnen neue Trends und viele Touristen kommen hier her, um die einzigartige Atmosphäre aufzusaugen. Das Geld drängt in die runtergekommenen, aber stylischen alten Hafenspeicher und verdrängt das Milieu. Paradox ist daran, dass viele aus dem Grund herkommen, weil man hier noch echtes Ghettoflair und buntes Licht atmen kann, aber so langsam verschwindet es. Das Angebot geht zurück, man könnte glauben, dass nicht mehr so viel Verkehr zwischen den Menschen herrscht. Angeblich ist die *A-Sexualität,* auf dem Vormarsch, das behauptet zumindest die Wissenschaft. Laut einem Kumpel von mir sind es aber die vielen Datingapps und das Angebot im Netz. Er meint, wer braucht da noch schmuddeliges Rotlicht oder »Bordsteinschwalben«. Eventuell hat er recht. Mir sind die Gründe nicht bekannt, womöglich haben viele dafür einfach kein Zeitfenster mehr.

Anno irgendwann bestimmten im Busch die Sackträger das Straßenbild. Das waren kräftige und raue Gesellen, die die Schiffe im Hafen entluden. Angeblich wurde das so schwer *erschuftete* Geld gleich in Alkohol, Tabak und im Rotlicht (der Busch war früher die Reeperbahn von Monnem) umgesetzt. Aber es galten auch strenge Regeln. Selbst in der größten Hitze war es den Trägern nicht erlaubt oberkörperfrei zu arbeiten. Hier gab es mit der Hafenaufsicht oft Ärger, der nicht selten in Handgreiflichkeiten endete. Den Hafenarbeitern und Tagelöhnern hat ein honoriger Firmeninhaber in Memoriam an ihren Beitrag ein Denkmal in der Beilstraße errichtet.

So oder so, der Anteil des Hafens am Wohlstand der Quadrate hat so niemand auf dem Schirm, aber dazu kommen wir noch im Kapitel über den Hafen. Geschaffen hat die Skulptur, ich finde sie sehr gelungen, der an der Freien Akademie der Künste lehrende Gerd Dehof16, der übrigens auch den »Blumepeter« erschuf. Weitere tolle Bronzefiguren von Dehof wie den Flößer können Sie in Mannheim entdecken. Der abgebildete große und schlank gewachsene Sackträger trägt Arbeitshosen mit Schlag, eine Schiebermütze und hat die Arme eigentümlich auf dem Rücken abgelegt, sodass die Oberarme eine Waagerechte bilden. Oben auf liegt ein großer verschnürter Leinensack, das Hemd ist etwas aufgeknöpft und trotz der anstrengenden Arbeit zeichnet sich ein Lächeln im Gesicht des Mannes ab. Heute sind die Hafenarbeiter fast gänzlich aus dem Stadtbild verschwunden und so halten wir es jetzt auch und gehen zum nächsten Kapitel.

[16] Gerd Dehof, 1924 - 1989, Bildhauer und Mitbegründer der Freien Akademie Mannheim.

FVZ

Hinter diesem Kürzel versteckt sich ein ganzes Universum des Grauens. Manche von Ihnen, liebe Leserinnen und Leser, werden es kennen. Schon in meiner Jugend gab es diese Einrichtung. Es handelt sich um ein graues, total unscheinbares, runtergekommenes Gebäude aus viel Beton. Früher war es als Schlachthof bekannt, heute trägt es den »etwas« verharmlosenden Namen Fleischversorgungszentrum, was mit den drei eingangs erwähnten Buchstaben abgekürzt wird. Noch vor Corona wurde es geschlossen (durch die Kommune), denn der Betrieb war defizitär. Leider wird dort wieder getötet und das Grauen geht weiter. Neue Betreiber haben sich zusammengetan und konnten wohl Kosten senken. Der Qualität wird das keinen Abbruch tun? Nach meinem Dafürhalten hat eine hoch entwickelte humane Gesellschaft solche Anstalten nicht nötig. Leider wissen einfach zu wenige, was dort genau abgeht. Das massenhafte Schlachten von Tieren geschieht in Deutschland für die meisten im Verborgenen. Da kommen bei mir Erinnerungen und Assoziationen hoch, obwohl wir das nicht vergleichen können. Die schweigende Mehrheit will nicht erkennen. Nur selten gelingt es Aufnahmen und Abläufe ans Tageslicht zu bringen. Mir kommt es dann so vor, als ob tatsächlich nur ganz wenige geschockt sind, dass der Aufschrei auch nicht wirklich ernst gemeint ist, denn Mitleid mit den Lebewesen würde anders aussehen. Sind Tiere uns nicht anvertraut vom Universum, damit wir sie gut behandeln? So wie wir auch unsere Hunde oder unsere Katzen meistens top behandeln und sie sogar lieben. Wieso machen viele hier einen Unterschied? Tier ist Tier, ist

lebender Organismus, besitzt einen Charakter und ein Schwein als Beispiel ist megaintelligent. Die Wildschweine werden immer mehr, weil sie sich nicht so einfach abknallen lassen, und rennen sogar in Geschäften umher (siehe Quellen). Die Jäger werden ihnen nicht mehr Herr. Warum sollte ein Hund, ein Hamster, ein Kanarienvogel, ein Kuschelhase, eine Maus oder ein Pferd nicht gegessen werden? Klar, manche essen hierzulande auch Pferd. Ich selbst habe als Kind Pferdesalami und Pferdehack bekommen und fand es super lecker. Damals gab es im Jungbusch einen Pferdemetzger. Dieses Fleisch war eigentlich für die armen Leute bestimmt, obwohl es von der Qualität sehr gut war, damit meine ich mager, keine unnötigen Medikamente, liebevolle Pflege und nicht gemästet. Heute futtere ich selbstverständlich keine großen Vierbeiner mehr, auch keine Schweine oder sonstige Kreaturen. Mir fällt es mittlerweile schon schwer, in einen Naturstein ein Loch zu bohren, seit ich mich mit Zen Gärten (Kare-san-sui) beschäftige. Der Pferdemetzger hatte seinen Laden dort, wo heute die Buschgalerie drin ist.
Kehren wir nochmal zurück zum FVZ. Ich würde es gerne umbenennen in *industrielle Schlachterei für Lebewesen*. Für mich macht es (k)einen Unterschied, ob man Tiere auf der grünen Wiese tötet oder in diesen Massentötungsmaschinerien. Dank KI[17] und der Digitalisierung befinden wir uns auf dem Weg in ein neues bzw. zweites Maschinenzeitalter.

---

[17] Künstliche Intelligenz, größter bestimmender Zukunftstrend.

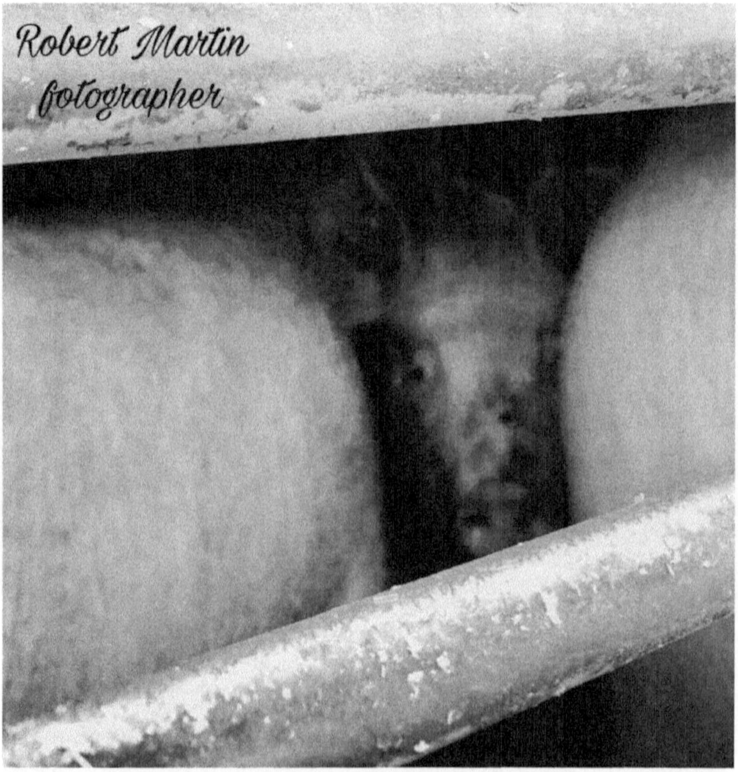

(Arme Schweine auf einem Viehtransport, die vor der Einfahrt in das graue Schlachtgebäude warten. Empathische Menschen geben ihnen das letzte Mal Mitgefühl auf ihrer traurige Reise, indem sie sie beruhigen und sanft mit ihnen sprechen.)

Töten auf dem Acker ist mir lieber, aber es bleibt für mich moralisches Unrecht. Die Supermärkte sind voll mit Superfood und da braucht es kein Fleisch mehr. Nur wegen des Geschmacks Lebewesen zu ermorden scheint mir nicht richtig und ich bin der festen Überzeugung, dass jeder, der hier mitmacht, schlechtes Karma erwirbt, abgesehen davon frisst man sich die ganze Chemie, Arzneimittel, Stress- und *Quälhormone* der Tiere rein. Die komplette Apokalypse. Ganz objektiv betrachtet, ohne eine wissenschaftliche Position zu beziehen. Kann ein Produkt, ein Lebensmittel, in das keine Liebe oder Achtsamkeit investiert wurde, gut sein? Ist es möglich aus Müll, Abfall und ekligen Abläufen am Ende ein top- oder zumindest ein der Gesundheit zuträgliches Produkt herzustellen? Ich beantworte das hier nicht. Schauen sie sich bei Arte mal den Film Hexenküche an. Lassen wir es so stehen. Sie dürfen gerne anderer Auffassung sein (dieses und andere Themen spaltet meinen Freundeskreis), aber die Massentierhaltung hat sehr ungesunde Auswirkungen auf unseren Planeten und es wird sich nichts ändern, wenn Wir es nicht angehen. Das ist wie mit dem Abnehmen. Im Anhang habe ich Ihnen einen Link zum Film »The Game Changers« reingepackt. Hier gibt es Informationen über gesunde Ernährung. Außerdem lege ich Ihnen noch die Doku »Dominion« ans Herz, hier wird Tierhaltung weltweit erklärt. Es ist doch mal spannend zu sehen, wie die Lebewesen in anderen Ländern gehalten werden. Noch eine Frage BITTE? Würden Sie vergammelten Salat essen oder freiwillig Tierhormone einnehmen? Viele vertrauen auf die Gesundheitsämter, aber die machen häufig nur Sicht- und Geruchsproben. Auch die Ernährungspyramide der DGE[18] scheint mir etwas veraltet. Drei Prozent ihrer mehreren tausend Mitglieder stammen aus der Wirtschaft oder sind Interessenver-

---

[18] Deutsche Gesellschaft für Ernährung e.V.

bände (Das Internet ist voll von harter Kritik an der DGE). Hier noch ein paar Zahlen zum »iSfL« bzw. FVZ. 2017 wurde der Schlachthof wegen Unrentabilität geschlossen. Mittlerweile gibt es eine neue GmbH, die den Betrieb wieder aufgenommen hat und etwa 2.700 Schweine pro Woche schlachten möchte. Betäubt werden die Schweine zuvor mit Kohlenstoffdioxid (CO_2 – Klimakiller?), was nach der Meinung der Tierschutzorganisation PETA[19] zu längerem Leiden, Stress und Atemnot bei den schlauen Schweinen führt. Enjoy your meal! Wenn Sie vor Ort kommen, dann können Sie die Schweine um ihr Dasein schreien hören. Für mich klingt das unvorstellbar grausam und nicht nur die armen getöteten Tiere, sondern auch die Personen, die in diesen schrecklichen Arbeitsprozessen ihren Dienst verrichten müssen, haben mein tiefstes Mitgefühl. Ein jeder darf sich vor seinem Körper, seinem Geist und dem Universum selbst verantworten, was er so treibt. Wenn Sie noch mehr Informationen brauchen, dann schauen Sie doch bitte, bitte die Filme »Domian« (Doku über moderne Massentierhaltung) oder »The Game Changers« (der Film handelt von gesundheitsförderndem Essen). Ja, das war eine Wiederholung, denn es ist mir sehr wichtig, dass Sie informiert sind. Machen Sie es nicht wie die drei Affen. Ändern Sie nichts an Ihren Ernährungs- und Lebensgewohnheiten, aber bitte, bitte bilden Sie sich weiter.

---

[19] PETA, engl. f. Menschen für die ethische Behandlung von Tieren.

Verlassen wir dieses Horrorkabinett. Ich weiß, dass hier die Standpunkte auseinandergehen, und da mir Lebewesen am Herzen liegen und am Ende deren qualvoller Tod steht, gibt es bei mir auch nur ein *Nein* zu diesem Thema. Zum Glück ist jeder für sich selbst verantwortlich und auch für sein eigenes Karma (schon wieder eine Dopplung), also unsere Handlungen reflektieren direkt unser Dasein und dessen Qualität. Ich möchte hier noch ein Zitat von J. J. Rousseau[20] anbringen, das ich etwas veränderte. *Nicht der Mensch hat am meisten gelebt, der am meisten angehäuft oder konsumiert hat, sondern der, der sein Leben erkannt und empfunden hat.* Meine Empfehlung: Kommen Sie mal vor Ort, wenn neues lebendes Frischfleisch angeliefert wird. Schauen Sie den Tieren in die Augen und sehen Sie, was das mit Ihnen macht. Regelmäßig gibt es dort friedliche Demonstrationen von lieben Menschen, die diese Missstände in ihrer Freizeit verändern wollen. Auch diese Personen haben meinen Respekt. Sehr schön finde ich auch das Motto dieser Veranstaltungen. Gemeinsam mit den Tieren, soweit es geht, die letzten Minuten verbringen. Zeigen, dass jedes Lebewesen einen unbezahlbaren Wert hat und ein Recht in Würde sein Dasein zu durchlaufen.

---

[20] Jean-Jaques Rousseau (1712 - 1778), Philosoph und Schriftsteller

DER TIEFSTE PUNKT

Liebe Leserin und lieber Leser, nun sind wir an einem wirklichen Tiefpunkt angelangt. Richard David Precht, der deutsche Vorzeigephilosoph (ernährt sich vegetarisch) und sagte einmal in einer Talkshow: »*Wir verdrängen das Töten, die Massentierhaltung und die ganzen unwürdigen Begleitumstände. Wenn wir sehen würden, da rennt unser Reh, von dem wir gestern die Keule aßen, mit nur noch drei Beinen auf der Wiese vor unserem Haus rum, dann würden wir das überdenken.*« Ich denke das könnte man noch auf viele Bereiche ausdehnen, zum Beispiel auf das Klima, die vielen Toten durch Luftverschmutzung, die Verbrechen an der Menschheitsfamilie und die Folgen von ungezügeltem Konsum. Aktuell sind wir ganz abgesunken, was unseren Umgang mit uns selbst, unseren Mitmenschen, der Menschheitsfamilie und allen Lebewesen angeht. Auch die ganzen Kriege (oft ohne UNO[21]-Mandat und ggfs. die UNO Charta-von 1945, die ausdrücklich militärische Gewalt verbietet) und unnötige Konflikte kosten viele unschuldige Opfer (Frauen, Kinder, Männer, Ehemänner, Ehefrauen, Großeltern, Familien usw.). Hier passt es fatalerweise gut, dass wir uns dem tiefsten Punkt von Mannheim und sogar ganz Badens zuwenden. Ein heiteres Gemüht ist das, was man im Leben nie verlieren sollte. Bewahren Sie sich um Himmels Willen immer eine Prise Humor, gerne auch schwarzen. Das schützt tat-

---

[21] United Nations Organisation o. Organisation der Vereinten Nationen

sächlich, sagen viele Fachleute. Schütteln wir den ganzen modernen Horror ab und wenden uns Mutter Erde, besser ihrer Geografie, zu. Wo finden wir in Monnem diesen tiefen Punkt? Das im wahrsten Sinne düstere Loch, das ein noch furchtbareres Geheimnis trägt. Ein erster Hinweis, wir gehen an den Rand von Mannheim in den Norden und hier nach Sandhofen. Im Jahre 888 wird die Ansiedlung noch als »Sunthove« im Lorscher Kodex benannt. In Sunthove treffen wir noch nicht ins Schwarze, erwähnenswert sind trotzdem die zwei KZ–Außenstellen, die es hier gab, zum einen das KZ Natzweiler Struthof (in einer Schule, ein sog. Hungerlager) und zum anderen das KZ Hinzert (auf dem Fliegerhorst), wir müssen dann noch ein Stück raus aus Sandhofen, vorbei am Scharhof,[22] dem ältesten Vorort Mannheims und Richtung Lampertheim (letzter Vorposten Hessens) gehen. Hier stoßen wir auf den Weiler Kirschgartshausen (übrigens ein sehr schönes Ausflugsziel) und dort soll sich, laut Dr. Christoph Bühler, der eine schöne Seite über Kultur und Landeskunde betreibt, dieser tiefste Punkt befinden. Wo genau, ist leider nicht bekannt. Es ist sogar die tiefste Stelle ganz Badens und sie misst 90m ü.NN. Hier wurde ein schönes Landschaftsschutzgebiet mit riesiger Überschwemmungszone angelegt, denn der Rhein tritt hier regelmäßig über die Ufer und hat so nun wieder Platz sich in den alten und neu gestalteten Auen auszubreiten. Das Gebiet empfiehlt sich für einen schönen Spaziergang.

---

[22] Ang. keltischen Ursprungs. Erste Erwähnung im Lorscher Kodex im Jahre 764.

Unterwegs begegnet man häufig Sportbegeisterten auf Innlinern und Radlern. Beim Erkunden gibt es ausgeschilderte Wanderwege und Tafeln mit Erklärungen zu Flur und Feld. Wer lange Wege gehen will, der dehnt seine Wanderung einfach an das angrenzende wunderschöne Naturschutzgebiet Biedesand mit seinen zahlreichen wildromantischen Wegen, vorbei an unzähligen Wassertümpeln, durch Erlen- und Bruchwälder, aus. Hier können Sie tolle Naturbeobachtungen machen, Reiher, Schwarzstörche, Buntspechte und Greifvögel wie Falken und Bussarde sehen. Ab und zu lässt sich am Himmel ein Milan erkennen. Milane erkennt man immer gut an ihren V-förmigen Schwanzfedern.

(Fernmeldeturm Mannheim bis 2018 höchstes Gebäude in Baden-Württemberg.)

Wenn man großes Glück hat, dann kann man eine dieser schönen mit schwarzen und hellen Querverläufen (eigentlich wie bei einem Zebra) gezeichneten Federn finden.
Aber gehen wir zurück nach Kirschgartshausen, das eine wirklich beeindruckende Geschichte aufweist, denn es wird schon im 12. Jh. erwähnt. Es ist später im Besitz der Klöster Schönau bzw. Lorsch. Auch eine Meierei, also ein Gutshof in adliger Lehnschaft, wird hier erwähnt. Beim Scharhof und Umgebung will man bei Arbeiten ein Fundament mit Holzresten aus Christi Geburt, eine römische Villa und eine Basilika entdeckt haben. Wie immer wechseln über die Jahre die Besitztümer und etwa im 15. Jh. wird Kirschgartshausen, das seinen Namen dem gleichnamigen Kloster Kirschgarten (Worms) verdangt, kurpfälzisches Tafelsilber. Im 18. Jh. wurde es Zollstation und schließlich zum 19. Jahrhundert nach Mannheim eingemeindet. Das Ensemble besteht aus einigen schönen alten Sandsteingebäuden, von denen leider mittlerweile einige sehr »verwahrlost« daherkommen. Das alte Herrenhaus war früher Ausflugslokal. Es ist angeblich nach einem Wasserschaden unbenutzbar und steht leer. Die alte riesengroße Scheune diente einem Antiquitätenhändler lange Zeit als Ausstellungsraum. Sie ist wirklich eindrucksvoll und erst von innen sind ihre unglaublichen Ausmaße erkennbar. Ansonsten steht auf dem mit einer Mauer umzäunten Gelände noch eine Villa in Form eines kleinen Schlosses. Es ist eine total reizende Anlage im Dornröschenschlaf, die leider auf eine Idee, einen Schub und eine Restauration wartet, um in der Neuzeit anzukommen.

Es ist schade, dass hier nichts gemacht wird, angeblich sucht die Stadt nach einem Investor. Eine besondere Wohnsiedlung, wie im alten Gefängnisbauernhof in Mannheim Sandtorf geschehen oder im wunderschön hergerichteten Weiler Strassenheim wären eine Alternative. Hier sieht man, wie aus solchen alten Anlagen beliebter moderner Wohnraum wird, der versucht, das Alte zu erhalten und mit dem Neuen zu verbinden. Es verschmilzt im idealsten Fall zu einer Einheit, ähnlich wie beim Exerzierplatz in der Quadratestadt.

Lassen Sie uns jetzt zur düsteren Seite vom eh. Kloster Kirschgartshausen gehen. Hier liegt wie festgestellt der tiefste Flecken, geologisch und auch *menschlich?* Vor ein paar Jahren erlebte ich hier damals einen Einsatz, der einem das Blut in den Adern stocken ließ. Ein Fall, wie ich ihn in meiner über 30jährigen Dienstzeit so noch nie erlebt hatte. Was ich hier berichte, sind Informationen, wie man sie auch in den Medien finden kann, denn ich darf natürlich über Interna nichts rauslassen. Hierauf hat mich mein Dienstherr nochmal ausdrücklich hingewiesen, als er mitbekam, dass ich unter die Autoren gegangen bin.

Was war in diesem schönen Nest, mit dem romantischen Namen Kirschgartshausen geschehen? Ein Kapitalverbrechen, ein Tötungsdelikt, ein Mord, jawohl, aber nicht nur einer, sondern ein *Doppelmord.* Das gibt es äußerst selten und auch ich wäre froh gewesen, dass mir dieses Ereignis erspart geblieben wäre. Ich hatte bis zum damaligen Zeitpunkt schon eine geringe vierstellige Zahl an Leichen aller Couleur gesehen bzw. mitbekommen und war dadurch nicht so leicht aus der Ruhe zu bringen. Um die romantischen alten Gebäude waren noch ein paar Bauernhöfe verstreut. Auf einem dieser Aussiedlerhöfe geschah dann das Unfassbare, so die Presse damals. Ein Ehepaar, er Italiener und sie Thailänderin, wurden auf ihrer Hofstelle mit einer Schusswaffe getötet. Von einer Hinrichtung ging man damals aus. Ist das Spekulation? Manche meinten, auch hier wurden wahrscheinlich offene Rechnungen beglichen. Man unterstellte hier »mafiöse« Verbindungen. Der oder die Täter konnten nicht ermittelt werden. Mittlerweile ist in Kirschgartshausen wieder Ruhe eingekehrt. Die Sonderkommission »Kirschgarten« hat den Fall als Cold Case (solche Fälle, werden. ggf. von Zeit zu Zeit erneut überprüft) abgelegt und so wollen wir es auch halten und verlassen die Gruft wieder. Was wir nun auf diesem Tiefpunkt brauchen können, ist etwas Aufheiterndes.

GOETHE, MOZART, SCHILLER, DUMAS, BUKOWSKI, VOLTAIRE ETC.

Liebe Leserin und lieber Leser, lassen Sie uns doch einmal bitte im Rahmen einer Retrospektive einige Jahrhunderte zurückgehen, in eine Zeit, die auch ich nur vom Erzählen und aus alten Quellen kenne. Bei den Namen, die hier prägend waren, fallen mir ganz ehrfürchtig die dazugehörigen grandiosen Werke ein. Monnem, dieser Mittelpunkt der Welt, wird auch die »lebendige Stadt« genannt. Früher begründete man das mit der Weltoffenheit der Metropole. Die City stand jedem offen, empfing die Menschen mit ausgestreckten Armen, egal, woher jemand kam und welche Ansichten er mitbrachte, Hauptsache sie oder er ist mit dem Herzen dabei.

Jede Menge große Persönlichkeiten brachte die Stadt am Zweistromland hervor. Zur Erinnerung reminisziere ich nochmal kurz: »Viele Erfindungen, ohne die unser heutiges Leben einfach unvorstellbar wäre, stammen von hier.« Aber auch kulturell schenkte dieser quadratische Mittelpunkt der Welt eine Fülle an Stoff. Der berühmteste aller Vordenker und Schreiber, Johann Wolfgang von Goethe, nannte diese Stadt in seinem Epos Hermann und Dorothea »freundliches Mannheim«. Damit meinte er, dass aufgrund der Quadrate immer genug Licht da ist und es keine dunklen Ecken gibt. *Er fand, dass alles heiter gebaut wart*. Wollen wir ihm heute widersprechen? Etwas, denn der Zweite Weltkrieg hinterließ in Mannheim viele Spuren. An vielen Sandsteinfassaden sind noch heute die Folgen als sichtbare Verletzungen in Form von Löchern, Kerben, Rissen, Abplatzungen und Splittern zu erkennen. Die Auswirkungen dieser unsinnigen Kämpfe waren, dass unser schönes Kaufhaus in N1, mit seinen über 70 Rundbögen aus Sandstein und dem großen mächtigen Turm in der Mitte verschwunden ist. In einer Bombennacht 1943 wurde es stark beschädigt. Der barocke Bau wurde 1724 bei dem berühmten Architekten Alessandro Galli da Bibiena[23] in Auftrag gegeben. Dieser baute u.a. auch das Schwetzinger Schloss, das Dalberghaus (heute Jugendbibliothek) und die Jesuitenkirche.

(Schillerstatue mit theatraler Geste, in der linken Hand hält er Aufzeichnungen.)

---

[23] Alessandro Galli da Bibiena (1686 - 1748), Spross einer großen Architektenfamilie.

Leider fehlten dem Volksbegehren damals, als das neue Rathaus errichtet werden sollte, nur einige wenige tausend Stimmen und wir hätten heute zumindest einen Nachbau der alten Shoppingmall. Dem Stadtbild hätte es mit Sicherheit gut getan. Der städtischen Seele wohl auch. Die Mannheimer lieben ihr altes Kaufhaus wie auch den Wasserturm, der die Stadt ab 1889 mit Wasser versorgte. Der Bürgerentscheid 1986 kam auf 83 Prozent Stimmen für einen Wiederaufbau. Beim Quorum (Abstimmung über die notwendig gewesene Bürgerbeteiligung) erreichten die Befürworter aber knapp nicht die geforderten 30 Prozent. Der damalige Oberbürgermeister G. Widder (SPD) setzte sich deshalb über die Meinung der Bürger hinweg und es gab den Neubau des ortsansässigen Architekten C. Mutschler. Das neue Ding (Stadthaus in N1) hat mir noch nie gefallen und häufiger Leerstand im unteren Bereich (Restaurants, Geschäfte, Bars) und Mieterwechsel waren die letzten Jahre angesagt. Mittlerweile ist ein großer Supermarkt eingezogen. Viele kaufen hier alkoholische Getränke und Knabberzeug, setzen sich auf die gepflegte Grünanlage am Paradeplatz und hinterlassen ein *Schlachtfeld*. Da hätten wir wieder den Zeitgeist. Der grüne Mittelturm des modernen Gebäudes steht farblos da und reckt ausgeblichen sein Stahlkorsett in den Himmel. Früher konnte man hier mit einem Fahrstuhl nach oben düsen und über Mannheim blicken. Jetzt wirkt alles marode und schäbig. Zerfall hat sich breit gemacht. Das neue Stadthaus wird einfach nicht richtig gepflegt und angenommen. Wie bei vielen Neubauten Schicksal, ist der Glanz schnell verblasst, die Epochen überdauernde Größe vergangener Architektur bleibt oft in der Moderne unerreicht. Eine Frage, liebe Leserin und lieber Leser, kommt mir hier noch in den Sinn und ich möchte sie nicht ungehört lassen. Wieso entscheiden sich Volksvertreter gegen den Willen der Bürger? Mir ist das ein Rätsel. Wäre eine weitere Abstimmung damals nicht sinnvoller gewesen, um ganz sicher zu gehen, was wir Mannheimer wollen? Ich bin mir gewiss, mit dem alten Kaufhaus hätten die Mannheimer Quadrate über die Stadtgrenzen hinaus Aufwertung erfahren. Auch für die Planken, unsere schicke Fußgängerzone vom Wasserturm bis runter zum Kaufhaus wäre das ein Glücksfall gewesen. Moderne Architektur hält oft nicht, was sie verspricht. Vor allem hält sie nicht sehr lange. Meine große Hoffnung ist, dass das neue irgendwann abgerissen werden muss, so wie die modernen Schulen und die Beton-Brücken in Mannheim und Ludwigshafen. Das Zeug aus den 70ern und 80ern ist meistens »Schrott«, was die Qualität, also Haltbarkeit, anbelangt. Überhaupt wird viel zu wenig nachhaltig gebaut und geplant. Städte sollten sich schon, bevor sie etwas konstruieren, an solchen Dingen wie Instandhaltung, Wartungskosten und Lebensdauer orientieren. Vielmehr entsteht der Eindruck, es wird einfach los gewurschtelt, nach dem Motto »... und nach mir die Sintflut« (Prestigeobjekte, wie früher im alten Rom). Das kann man so machen, aber dadurch entstehen ständig neue Dauerlasten. Ein Ausschuss, der solche Vorhaben auf Wirtschaftlichkeit überprüft, wäre anzuraten. Einzelne Regierungsvertreter sollten das nicht entscheiden dürfen. Gehen wir nochmal zum modernen Stadthaus zurück. Der obere Teil beherbergt noch die Bücherei und ist gelungen. Kein großer Wurf, doch lässt es sich dort gut aufhalten und in Ruhe schmökern.

Mit dem Wasserturm verhält es sich ähnlich. Der *Mannheimer Dorn* steht auch nur noch, weil die Bürger gegen seinen Abriss auf die Barrikaden gingen. Und die New York Times schrieb 1930 über die Stadt, *alles ist Schnurgerade und winkelig und die Leute sind voller Fleiß und lassen sich nicht unterkriegen.*

Schiller hat seinen eigenen Platz gegenüber der Konkordienkirche (wie das alte Rathaus ein Emseble der Mannheimer Symmetrie), mit dem höchsten religiösen Turm der Stadt, erhalten. Hier spielte Mozart zum Vergnügen die Schlossorgel. Friedrich Schiller erhielt in Mannheim so eine Art Asyl, denn er floh immer wieder von Württemberg, hier war er mit dem Herzog Carl Eugen aneinandergeraten. Er war Militärarzt und zum Schluss sogar fahnenflüchtig. Schiller war Teil der *Sturm-und-Drang-Künstler* und der militärische Drill passte so gar nicht zu seiner Lebenseinstellung. Der damalige Intendant Dalberg[24] führte dann das Stück »Die Räuber« im alten Theater, 1782 zum ersten mal vor Publikum auf. Es machte Dr. F. Schiller schlagartig berühmt. Wir müssen uns dazu vergegenwärtigen, dass für die Menschen damals das Theater einen ähnlichen Stellenwert hatte wie heute

---

[24] Wolfgang Heribert von Dalberg (1750 - 1806), Geheimrat und Intendant des Nationaltheaters.

Netflix, TikTok, Disneyworld und die Tagesschau zusammen.

Die Bretter der Welt befanden sich an der Örtlichkeit, wo heute die Schillerstatue steht. Die Bühne (Schillerbühne) wurde in der Bombennacht am 5.9.1943 durch die Royal Air Force zerstört. Damals wurde gerade der berühmte *Freischütz* aufgeführt. Der kubistische Neubau befindet sich weit weg, in der Nähe der *Luise* (Luisenpark), übrigens die grüne Lunge von Mannheim. Was der Central Park für New York, das ist dieser Park für Monnem, ein ganz wunderbares Geschenk für seine Bewohner, und es ist jedem nur anzuraten, sich eine Jahreskarte zuzulegen. Übrigens mag ich im oberen Park am liebsten den Rentnern beim großen Schachspiel zuschauen und im unteren Luisenpark die Rennbahn, Sportbox (Sie können sich hier Geräte ausleihen) und die Calisteniksanlage. Das NTM beherbergt augenblicklich Musik, Oper, Schauspiel, Tanz und Junges Theater.

Auch Mozart mochte Mannheim sehr und er besuchte es insgesamt vier mal. 1777 war Carl P. Theodor (Pfalzgraf von Bayern und der Pfalz) der aktuelle Kurfürst und ein großer Musikliebhaber. Inspiriert durch Voltaire, der ihn mehrmals besuchte, vollzog er im Geiste der Aufklärung großartige Reformen und förderte die Kultur, oft bis zur Pleite seiner Staatskasse. Akut sind wir wieder ziemlich verschuldet, und soviel liegt im Argen, das kommt aber noch. François-Marie Arouet, oft nur Voltaire genannt, meinte über die Residenzstadt Mannheim: *»Ich bin augenblicklich im Lustschloss seiner Durchlaucht des Kurfürsten von der Pfalz. Es fehlt mir nur Gesundheit, um alle*

Vergnügungen zu genießen. Französische und italienische Komödie, große italienische Oper, Komische Oper, Balletts, große Essen, Konversation, Höflichkeit, Würde, Einfachheit, das ist der Mannheimer Hof.«

Wolfgang Amadeus Mozart wohnte im »Pfälzischen Hof« am Paradeplatz und liebte die Residenzstadt wegen des besten Orchesters seiner Zeit. Mannheim prägte damals einen neuen Musikstil, der heute noch unter »Mannheimer Schule« bekannt ist. Etwas laienhaft erklärt handelt es sich um eine Transformation des Orchesters und das Wirken der Musiker. Das Crescendo (lauter werdende der Töne) war geboren. Damaliger Leiter war kein geringerer als Herr Stamitz[25]. Auch die erste deutsche Oper (Günter von Schwarzburg) wurde im ersten Deutschen Theater, umgangssprachlich der Schillerbühne, aufgeführt. Sie soll Mozart zu seinen Arbeiten inspiriert haben. Nicht umsonst hat Mannheim dann auch Deutschlands erste Popakademie eröffnet. Musik ist für die Stadt schon immer sehr bedeutend gewesen. Mozart heiratete sogar eine Mannheimerin. Viele seiner Werke entstanden hier. Offen schrieb er in einem Brief an seinen Vater, dass er ***Mannheim liebt***. Die Ausbildung Mozarts und seine kostspieligen Reisen wurden durch seine Familie sehr unterstützt und angeblich machte sie sogar Schulden dafür. Wolfgang Amadeus Mozart hatte wohl ein Problem mit dem Erwachsen

---

[25] Johann Stamitz (1717–1757). Noch heute gibt es den Stamitz-Saal im Rosengarten.

werden. Als Wunderknabe gefeiert, tat er sich als junger Mann zunächst schwer seinen Trott zu finden. Hier in der Residenzstadt der Kurpfalz, bekam er dann noch nicht einmal eine Anstellung als Musiklehrer der Kinder des Kurfürsten. Mozart schreibt in seinen Briefen aus Mannheim an seinen Vater, dass das komponieren ihm am meisten Spaß machen würde und so wird es auch kommen, er wird als großer Komponist in die Geschichte eingehen. Sein Vater wollte, dass er Musiker wird. Irgendwie war er beim Kurfürsten in Ungnade gefallen? Vielleicht war sein Auftreten etwas zu arrogant, denn er soll schon mal die Proben verlassen haben, wenn es ihm zu lange dauerte. Von Mannheim ging Mozart, durch seinen Vater angehalten, mit seiner Mutter nach Paris. Aber auch hier konnte er nicht wirklich Fuß fassen. Tragischerweise starb seine Mutter dort und er kehrte mit leeren Händen nach Salzburg zurück. Auch Mozart starb mit nur 36 Jahren recht bald nach der Uraufführung seiner Oper Figaro, die er auf der Schillerbühne Mannheims selbst dirigierte.

Lassen Sie uns zu Goethe blicken, liebe Leserin und lieber Leser, und was dieser mit Mannheim am Hut hat. Wolfgang von Goethe war mehrmals in Mannheim. Meistens nur kurz und auf der Durchreise. Ein besonderer Besuch fand im Jahre 1779 statt. Goethe war hier zusammen mit seinem Herzog, namentlich Karl August von Weimar, im Rahmen der zweiten Schweizreise, angekommen. Ihnen zu Ehren zeigte das Theater Clavigo mit August Wilhelm Iffland[26] in der Rolle des Carlos. Goethe sah hier sein Stück vermutlich das erste Mal. Iffland war der größte Schauspieler seiner Epoche und einer der größten der damaligen »Hemisphäre«. Nach ihm ist der Ifflandring benannt, der jeweils dem »überragendsten« männlichen Schauspieler auf Lebenszeit überreicht wird. Seit 1978 gibt es ein weibliches Pendant dazu. Bisher gab es erst zehn Träger des Ringes und aktuell hat ihn wieder ein Deutscher.

Gehen wir noch auf einen Sprung zu Alexandre Dumas, dem Älteren. Er schrieb u.a. den bekannten »Schinken« *Die drei Musketiere* und den Abenteuerroman *Der Graf von Monte Christo,* dem so viel Unrecht passiert. Der arme Adlige wird fälschlicherweise denunziert und auf einer einsamen Insel dafür inhaftiert. Für die von Ihnen, die den Grafen von Monte Christo noch nicht kennen, spreche ich hier eine Empfehlung aus. Es ist eine wahrlich atemberaubende Story mit vielen Wendungen. Vom größten Glück ein Tag vor seiner Hochzeit mit der wohlhabenden Braut *Mercedes* landet die Schlüsselfigur des Buches, weil ihn drei Bekannte (aus Neid und zu Unrecht) verraten, im Kerker. Hier ist er irgendwann dem Tode nahe und plötzlich taucht ein älterer weiser Mitgefangener auf. Nun beginnt sich das Rad für den Grafen wieder in die andere Richtung zu drehen. Er schaffte es zu fliehen. Es kommt gegen Ende zu einem groß angelegten Rachefeldzug. Wahrlich einzigartig ist, dass Monte Christo, der auch unter dem Pseudo-

---

[26] August Wilhelm Iffland (1759 - 1814) erhielt die höchste Darstellerische Auszeichnung die Saphyr Knöpfe.

nym *Sindbad der Seefahrer* auftritt, in seiner Wut und seinem Hass innehält. Er reflektiert (würde so manchem politischen Entscheidungsträger auch mal gut tun) und kommt zu dem Schluss, dass er eventuell über das Ziel hinausgeschossen ist. Ich finde, der Stoff passt gut in unsere Zeit. Manche neiden anderen ihre Stellung, ihren Wohlstand oder ihren Verstand und versuchen, sie einfach durch simple Stigmatisierung schlecht zu machen. Was hat das nun mit Mannheim zu tun? Liebe Leserin und lieber Leser, leider nicht viel, aber immerhin schrieb Dumas in seinen Reiseberichten (er musste oft aus Frankreich wegen Geldmangels fliehen), *dass es in Mannheim, nach seiner Geburtsstadt die schönsten Frauen gibt und dass er noch nie hübschere Einwohner gesehen hat.*

Beenden wir das Kapitel mit einem neuzeitlichen Autor, der irgendwie auch gut nach Mannheim passt oder immer besser passt? Charles Bukowski, in Deutschland am Rhein geboren, war im Rahmen seiner *Ochsentour* in der Quadratestadt. Ich las seine autobiografischen Romane früher sehr gerne. Sie hatten etwas Abstoßendes und zugleich auch sehr Ehrliches. Bukowski kultivierte sein Image als schmutziger Kerl, der trinkt, raucht, den Tag verpennt, herumlungert, sich durchmogelt und trotzdem immer irgendwie durchkommt und irgendwo gut ankommt. Erinnern sie sich an Herrn Zoffiger vom Marktplatz? Ähnliche Lebensführung und Erscheinung aber doch irgendwie anders. Über Mannheim (hier lebte sein deutscher Übersetzer Carl Weissner) sagte Bukowski:

»Mannheim war immer noch meine Lieblingsstadt nach Los Angeles, aber das hatte mehrere Gründe, es war so sauber und ruhig hier, die Leute waren so normal und natürlich ...«

SCHMELZTIEGEL DER KULTUREN

Mannheim, liebe Leserin und lieber Leser, ist ein Ort, an dem Menschen aus vielen Kulturen, schon seit tausenden von Jahren, zusammenkommen. Die ersten Spuren menschlicher Siedlungen wurden in Seckenheim gefunden. Sei gehen auf das Jahr 74 n.Chr. zurück. Aber es geht noch älter, und zwar noch viel, viel älter. Einfach phänomenal und ein »Jahrmilliardenfund« ist das nächste Beweisstück. Das Bibelgleichnis Adam und Eva ist noch jedem gut bekannt. *Adam* wurde 1907 in der Region gefunden. Sie haben richtig gehört! Seine korrekte wissenschaftliche Bezeichnung ist Homo Heidelbergensis (Heidelbergermensch). Das Alter von *Adam* wird auf über 100.000 Jahre beziffert. Das ist älter als die Neandertaler oder der Homo Sapiens.

Die Nachfahren können Sie noch heute in der Quadratestadt und im angrenzenden Umland bewundern. Aber nicht nur das! Ganz besonders viel lebendige Kultur finden Sie in Monnem Downtown. Beginnen wir diesmal an einem Punkt, der alle Kulturen wunderbar miteinander verbinden kann. Ich finde, das ist der Genuss, und damit meine ich das Zubereiten von Speisen. Kochen, Musik, Kultur, feiern, lachen, tanzen und gutes Essen verbindet Menschen und Liebe geht spruchwörtlich auch durch den Magen. Es gibt hier eine ganz wunderbare ausländische Küche und eine große vegane Szene. Viele besondere Kultureinrichtungen prägen die Stadt und manche haben internationale Bedeutung erlangt. Noch nicht erwähnt wurden bisher (nicht abschließend) das Planetarium, das noch recht neue Marchivum (Stadtgeschichte) in einem alten Bunker, das Landesmuseum für Technik (mit vielen Experimentier-Stationen), das Reissmuseum (Reiss-Engelhorn-Museen), das Archäologische Museum (schöne Ausstellung über die Erdgeschichte und Ägypten), der Rosengarten und das Capitol (eh. Lichtspielhaus, jetzt Konzertbühne). Weiterhin prägen viele kulturelle Feste, Kulturvereine und Einrichtungen (Kleinkunstbühnen) das Stadtbild. Mannheims älteste Einrichtung, die auch die größte Verbrauchermesse Deutschlands ist, ist der seit 1613 stattfindende Maimarkt (wurde in Zusammenhang mit der Verleihung der Marktrechte durch den Pfalzgrafen Johann II v. Zweibrücken zum ersten Mal gefeiert). Ergänzt wird das breite Angebot u.a. durch die Bildungseinrichtungen AA (Abendakademie), die Volkshochschule Mannheim, die HdBA (Hochschule der Bundesagentur für Arbeit), das BiZBW (Bildungszentrum der Bundeswehr), die Musikschule, die Pop-Akademie, die freie Kunstakademie, die Hochschule für freie Darstellung und Kunst, die Universität im Schloss, die Berufsakademie und die Hochschule Mannheim.

Die Quadratestadt bietet eine unglaubliche Vielfalt. Aus diesem Grund wurde der Stadt durch die Unesco im Jahre 2014 der Titel *City of Music* verliehen. Damals gab es nur ganz wenige Städte, die hier mithalten konnten. *Was hat Monnem wohl so einzigartig gemacht, liebe Leserin und lieber Leser, und was ist das Geheimnis oder der Zauber, der hier wirkt?*

Die City ist von jeher von Zuwanderung geprägt. Aktuell gibt es laut der Kulturbeauftragten der Stadt Frau Schirra einen Migrationsanteil von etwa einem Drittel und ca. 150 versch. Nationen. Nach dem Ende des unsäglichen, Dreißigjährigen Krieges waren weite Teile Mannheims entvölkert. Es brauchte frische Impulse. Auf alle Fälle hatte der damalige Kurfürst eine Idee, wie er seine Quadratestadt wieder mit Leben füllen wollte. Er machte einen Aufruf in ganz Europa und warb damit, dass Mannheim eine weltoffene Stadt sei, dass man hier gut leben und arbeiten könnte usw. Es gab Religionsfreiheit und Steuerprivilegien. Seinem Aufruf folgten insbesondere die Hugenotten (französische Protestanten) und andere, viele kamen in Scharen. Auch heute ist Mannheim ein Sammelsurium aus vielen Kulturen geblieben und es kommen immer neue dazu. Das gibt diesen wunderbaren und besonders kreativen leckeren, ab und zu auch bittersüßen Cocktail. Meine eigenen Wurzeln liegen zum Beispiel in Italien. Ich finde es toll, dass hier, in meiner Geburtsstadt, so viele unterschiedliche Menschen und Kulturen zusammentreffen, friedlich miteinander interagieren und zum Teil verschmelzen. Natürlich gibt es soziale Spannungen und das Zusammenleben ist nicht immer leicht und einfach. Aber jeder, der sich im Rahmen der fdGO (freiheitlich demokratische Grundordnung) verhält, ist willkommen und kann seine Standpunkte leben.

Dienstlich durfte ich zum Beispiel mal einen Mann besuchen, der sehr bescheiden auftrat, obwohl er schon ein Bundesverdienstkreuz für seine besonderen Leistungen vorzuweisen hatte. Eigentlich sollte es nur ein kurzer Besuch werden, aber der Ehrenbürger war so gastfreundlich, dass wir bei ihm mehrere gesellige Stunden zubrachten und köstlich versorgt wurden. Dieser bescheidene Mitbürger beeindruckte mich zutiefst, denn er sorgte und verdingte sich um die Integration seiner, unserer Kultur und der der anderen. Solche Bürger, die einfach aus einem inneren Antrieb der Selbstlosigkeit agieren, sind mir sehr angenehm. Mitmenschen, die nicht nach dem Staat oder irgendeiner Autorität rufen, sondern selbst etwas unternehmen und sich um Völkerverständigung und ein gutes Miteinander kümmern. Solche Menschen trifft man in Mannheim aber häufig. Ein super Projekt in diesem Zusammenhang finde ich auch das interkulturelle Kochbuch der Gartenstadt-Genossenschaft. Genossenschaften bieten nach meiner Meinung bezahlbaren Wohnraum an und sind ein Schatz in unserer kapitalistischen, geldhungrigen Zeit. Leider können sie die Situation der Wohnungsnot oder -knappheit oder das Problem um bezahlbaren Wohnraum nicht wirklich lindern. Wer aber eine günstige Wohnung dort ergattert und zufrieden ist, kann sich freuen. Sozialer Wohnungsbau ist heute oft Fehlanzeige und manche Genossenschaften sind ein Fels in der Brandung. Die Brandung allerdings ist ein Problem. Eine Lösung sehe ich nicht. Vielleicht hilft irgendwann die Demoskopie. Ganz toll fand ich deshalb das Projekt eines gemeinsamen Mannheimer Kochbuchs mit Rezepten der Mieter. Darin finden sich super spannende und interessante Geschichten über die Köchinnen und Köche (was hat sie nach Mannheim verschlagen?) und viele leckere und inspirierende Rezepte.

Das Mulit-Kulti-Kochbuch ist leider vergriffen (es war kostenlos).

Mannheim war seit eh und je eine Stadt, die von ihren vielen kulturellen Einflüssen profitierte. *Denken Sie nur an Le Maitre (dazu später mehr)!* Diese verschiedenen Inkubatoren, denke ich, sind mitverantwortlich, dass wir uns zumindest als die alte Welthauptstadt begreifen dürfen. Wie immer im Laufe der Geschichte währt nichts ewig. Alles wird wieder zu Staub und Asche im Strudel der Zeit und neue disruptive Modelle drängen und verdrängen das althergebrachte. Es ist wie bei einem Firmenpatriarch oder den Buddenbrooks (Roman v. Thomas Mann), irgendwann sollte man abdanken, sonst bestraft einen die Zukunft. Ich habe an anderer Stelle schon bedauert, dass die jüdische Gemeinde in Mannheim durch die Nationalsozialisten und ihre Machenschaften zunächst gänzlich aufgelöst bzw. gewaltsam zerschlagen wurde. Gottlob gibt es mittlerweile wieder eine jüdische Gemeinschaft in der Quadratestadt, doch dazu kommen wir noch. Gehen wir erneut zum Ende des Dreißigjährigen Krieges ins Jahr 1648 n.Chr. zurück. Weite Teile des Landes waren entvölkert und der Kurfürst Carl Theodor suchte händeringend nach neuen motivierten und talentierten (auch steuerzahlenden) Untertanen. Besonders Hugenotten und Juden kamen nach Mannheim. Ein Grund war die freie Ausübung ihrer Religion. Damals wurde mit dem Bau einer Synagoge begonnen. Im Laufe der Jahrhunderte entstand eine wunderschöne sog. Hauptsynagoge im romanischen Stil, welche im Jahre 1855 fertiggestellt wurde. Sie stand auf dem Quadrat F2 und zeigte in ihrem Inneren zehn mit schwarzem Marmor versehene Rundsäulen, die die zehn Gebote symbolisierten. Das mächtige Hauptportal wurde von zwei angedeuteten Türmen links und rechts eingerahmt. In der Pogromnacht 1938 wurde sie stark zerstört, wobei die Mannheimer Polizei sich weigerte einzuschreiten (was für ein Schande) und die Feuerwehr nur die angrenzenden Gebäude schützte. Danach wurde sie geplündert. Mir fehlen hier die Worte und ich weiß nichts zu kommentieren. Ich möchte nur ein paar Gedanken aufwerfen. Die Polizisten und auch die Feuerwehr, das waren die gleichen Menschen, die einige Monate oder Jahre zuvor ganz anders gehandelt hätten. Wie kann ein System seine Bürger so verändern oder paar Monate oder wie kann man so wenig Zivilcourage zeigen? Aus dem Studium der vielen Mannheimer Autoren der damaligen Zeit bilde ich mir ein, dass gerade in der Quadratestadt die Ablehnung, gegen die Nazis größer war als anderswo. Mannheim war eine der Proletarier-Hauptstädte der Weimarer Republik und besonders im Süden Deutschlands führte nichts an der Stadt vorbei. Hier hatte die SPD eine große, mutige, standhafte, kämpferische und treue Anhängerschaft. Was mich aber betrübt, und ich glaube das würde heute noch genauso ablaufen wie damals, ist, dass viele Menschen sich bei Gegenwind ins Private zurückziehen und hoffen, sie können dort ungestört weitermachen wie bisher (sehr naiv). Für seine Überzeugung einzustehen, auf die Straße zu gehen und die verfassungsmäßig garantierte Meinung zu äußern, ist nicht leicht, in Nazideutschland ließ man dafür sein Leben. Gerade in der Gegenwart wird der Wind rauer, trotz liberaler und friedlich demokratischer Positionen ist es möglich, dass wahre »Shitstorms« über einen kommen, und sehr schnell wird man beschimpft und deklassiert. Meistens kommt das dann von eigentlich kleinen Gruppen, die aber besonders laut und einfallsreich sind. Schön ist es, wenn du ernst genommen und wertgeschätzt wirst trotz anderer Meinung. Ein gesunder Dualismus sozusagen, wie ihn auch die Hugenotten in Mannheim erfahren durften. Auch die überwiegend aus Frankreich stammenden Hugenotten kamen auf Zuruf des damaligen Kurfürsten Ludwig nach Mannheim. Auch ihnen wurde freie Religionsausübung zugesichert. Unseren jüdischen Mitbürgern verdankte Mannheim viel Wohlstand und große Arbeitgeber. Ob die heutige Eichbaumbrauerei ihren Namen dem bierbrauenden Hugenotten Jean du Chêne, was übersetzt soviel bedeutet wie *Hans von der Eiche*, verdankt, ist nicht überliefert. Der Hugenotte kochte seit ungefähr 1679 Bier in der Quadratestadt. Damals erwarb der gute Mann eine Lizenz (es soll etwa 100 Brauereien gegeben haben), gründete eine Schankwirtschaft im heutigen Quadrat Q5 und nannte das Etablissement »Zum Aichbaum«. Einige Jahre später, etwa um 1717, kam ein weiterer Braumeister aus Hanau, Herr Johannes Plancard, hinzu, der gegenüber Bier machte und seine Gaststätte »Zum grünen Eichbaum« nannte. Das Eichbaum-Stammhaus existiert als Gebäude noch heute. Es wurde nach dem Krieg neu aufgebaut. Mit den Jahren entwickelte sich dann die gleichnamige Brauerei *Eichbaum (heute in Privatbesitz)* am Mannheimer

Hauptfriedhof (umgangssprachlich nennen es die Mannheimer deshalb auch Friedhofsbräu, Leichenwasser, Urleich etc.). Weitere Beispiele für den fruchtbaren Austausch der Kulturen gibt es zuhauf. Hier lohnt ein Besuch des neuen Marchivums (Archiv für Stadtgeschichte). Ich wünsche Mannheim, dass es weiterhin so schön bunt bleibt und dass die besonderen Stadtteile, der Busch, die Innenstadt und die Neckarstadt, sich gut entwickeln. Wenn Sie diesen Bereich auf angenehme und unterhaltsame Weise vertiefen möchten, kann ich Ihnen das Buch von L. Steinbach an Herz legen (siehe Literaturverzeichnis).

WALDPARK UND STRANDBAD

Lassen wir das Brauereiwesen und das deutsche Reinheitsgebot hinter uns, denn es ist de facto ausgehebelt, oder wussten Sie, dass dem Bier Polyvinylpolypyrrolidon (PVPP) zugesetzt wird. Mit diesem Kunststoffgranulat wird das Gebräu länger haltbar gemacht und bleibt schön klar. Gesundheitsschädlich soll es nicht sein, aber irgendwie finde ich das gruselig und total unnötig. Trinken Sie besser Biobiere und als Mann sollten Sie auf Hopfenkaltschale *eh* besser verzichten.

Bisher habe ich Ihnen zwei Stadtwälder vorgestellt. Es gibt allerdings noch einen dritten Wald oder besser Park in Mannheim. Nicht der Herzogenriedpark, der ist kleinen, fast mini, aber irgendwie mit seinem kleine Streichelzoo ganz liebenswert. Übrigens kommen Sie mit der Jahreskarte in beide Grünareale. Aber den sehen Sie sich mal bitte alleine an. Liebe Leserin und lieber Leser, ich möchte Ihnen noch den Park der Stephanie (Kurfürstin) ans Herz legen. Hier trifft am besten das Wort *Waldpark* in schwarze. So lautet auch die offizielle Bezeichnung. Überwiegend finden Sie dort große Pappeln und Weiden. Es ist ein Auwald und im Grunde genommen ein Überschwemmungsgebiet des Rheins. Zum Teil wurde die Anlage für den angrenzenden Stadtteil Lindenhof gerodet. Was der Käfertaler Wald im Norden, das ist der schöne und wildromantische Waldpark im Süden. Für die Mannheimer, da zentrumsnah, von unschätzbarem Erholungswert und das sind die Dinge, die eine Stadt lebenswert machen, nicht die Anzahl der Straßen oder asphaltierten Plätze. Die große Grünanlage und der Schlosspark gehen ineinander über und sind nicht so leicht zu trennen. Eigentlich ist es schade, dass heute Straßen und Gleise den Schlossgarten vom Schloss trennen. So ist der eigentliche Schlossgarten nicht mehr in Gänze erhalten, aber trotzdem noch recht ansehnlich und schön anzusehen. Hier gingen früher die Adligen und später das Bürgertum zwischen Tulpen und Hyazinthen flanieren. Er ist der Garten der verliebten Pärchen, der Spaziergänger, Romantiker, Hundebesitzer, Radler, Pilz- und Kräutersammler, Sonnenanbeter, der Partyszene und Sportler. Heute ist der Waldpark ein sehr, sehr beliebtes Ausflugsziel. Gerade bei Aktiven aller Couleur total angesagt und an sonnigen Tagen sehr stark frequentiert. Hier wird es schwer, am Stephanienufer ein ruhiges Plätzchen oder einen Parkplatz zu finden. Kommen Sie besser per pedes. Am Ende des Parks mit seinen exotischen und schönen Bäumen »steht« die mittlerweile nur noch in der Erinnerung erhaltene mächtige *Silberpappel* (mehrere hundert Jahre alt soll sie gewesen sein). Hier ist eine der schönsten mir bekannten Auwaldstellen zu begutachten. Schöner grauer Flugsand und dunkler Lehm wechseln sich am Ufer ab und so mancher windschiefe Baum neigt seine Blätter ins Wasser. Hier lässt es sich wunderbar klettern und sie sind zwischen den krumm gewachsenen Bäumen von der Sonne geschützt. Teile davon sind auch Naturschutzgebiet und dürfen nicht betreten werden.

(Schiffsmast am Stephanienufer der Rheinseitig blickt. Ein Willkommensgruß für die Schifffahrt und ein Zeichen der Verbundenheit mit dem Binnengewässer und dem zweit-größten Hafen.)

Eigentlich besteht der Waldpark aus drei unabhängigen Schutzgebieten, dem Landschaftsschutzgebiet Waldpark, dem Naturschutzgebiet Silberpappel und der Reissinsel. Die Insel ist etwas ganz besonderes. Außerdem sind die Gebiete der Rheinschleife ein Teil des Natura 2000[27]-Netzwerkes (bez. zusammenhängender Schutzgebiete innerhalb der EU). Das bedeutet, dass forstwirtschaftliches Handeln den Belangen des Naturschutzes Rechnung tragen muss. Auwälder sind magische Wälder, die bis zu 2/3 Dritteln im Jahr überschwemmt werden, und das vertragen insbesondere nur mächtige Pappeln, Weiden und Schwarzerlen. Übrigens ist Erle einer meiner Lieblingsgehölze. Ich mag ihre Ausdauer, dass sie direkt im Wasser stehen kann und ein Wurzelwerk ähnlich wie eine Mangrove ausbildet. Außerdem finde ich an ihr noch top, dass ihr Wuchs sehr gerade ist und das frische Holz einen leuchtend orangenen Farbton aufweisen kann. Noch eine Sache ist für mich ganz herausragend an diesem Baum, er ist einhäusig, das will meinen, er trägt sowohl weibliche als auch männliche Blüten, später bilden sich dann die unverwechselbaren kleinen fast schwarzen Zapfen, die sich mega-gut als Deko eignen. Die Reisinsel beherbergt eine Vielzahl seltener Tier- und Pflanzenarten wie den bunten Eisvogel, Pirol, alte Apfelsorten, den Blaustern, den super gesunden Birkenporling (vital Baumpilz) usw. Sie wird für Besucher in den Sommermonaten zum Schutz der Natur gesperrt. Ehemals standen auf der

---

[27] FFH-Richtlinie 92/43/EWG

Reisinsel etwa 30 Tsd. Apfelbäume. Davor gehörte die Insel dem Ehrenbürger und Entrepreneur Carl Reis[28]. Er *machte* dort in Ton (das merken Sie beim Wandern, es kann echt schlammig werden) und war von der Schönheit der Insel (ist eigentlich kein echtes Eiland) so überwältigt, dass er die *Fasaneninsel* (so hieß die Oase früher) den Bürgern der Stadt vermachte. Einzige Auflage, die Insel muss in ihrer Natürlichkeit erhalten bleiben. Die Apfelbäume wurden wegen vorangegangener katastrophaler Hungersnöte vom damaligen Kurfürsten angepflanzt und sicherten so bei Ernteausfall das Überleben. Leider verkümmert dieses heimische Gehölz immer mehr, es gibt zwar regelmäßig Pflegeschnitte, aber das Obst liegt zum Teil auf der Erde. Es wäre doch eine Überlegung wert, ob hier nicht wieder Früchte für die Mannheimer kultiviert werden könnten. Eine eigene Sorte, der *Quadrateapfel.* Die Vorteile liegen auf der Hand. Bioqualität, kurze Transportwege und eine sinnvolle Beschäftigung. Mit Sicherheit würden sich hier Bürger finden, die sogar im Ehrenamt mithelfen. Vielleicht könnte man, wenn zu viele Früchte gleichzeitig reifen, einen leckeren Saft davon pressen. Mir läuft direkt das Wasser im Munde zusammen.

Ich möchte Sie jetzt nochmal zum Strandbad mitnehmen. Früher war die Badeanstalt rappelvoll, heute steht dort unter schönen Trauerweiden »baden verboten«. An der Wasserqualität kann das nicht liegen. Damals fuhren kleine Boote die Badegäste zum

---

[28] Carl Reiss (1843 - 1914)

Strandbad und es gab wirklich fast keine Luft mehr zum Atmen. Sie müssen sich das so vorstellen wie im Urlaub in *Italien* (sorry, aber bei uns war's da immer eng), nur noch viel, viel voller. Es trug den Spitznamen *»Lido Mannheims«*. Zu seiner Eröffnung 1927 kamen 20.000 Besucher. Heute geht es etwas gemächlicher zu. Gehen Sie mit mir, liebe Leserin und lieber Leser, auch noch mal zum malerischen Waldpark zurück. Bäume sind heute sehr beliebt geworden und es gibt sogar Autoren wie den Förster[29], der über den Wald erzählt, oder Conrad Amber, der Fotos über besondere Bäume schießt und diese erklärt. Aus diesem Grund möchte ich mit Ihnen bei der Stephanie (Statue der Ehefrau des Kurfürsten) starten. Wir laufen in Richtung Strandbad. Gleich zu Beginn fallen die mächtigen Pappeln auf. Manche davon sind turmhoch. Die Pappeln fühlen sich hier pudelwohl, denn der Rhein ist in Wurfweite und deshalb bekommen sie immer genug Wasser. Ab und zu wird die Auenlandschaft überflutet und es gibt noch nährstoffreichen Schlamm dazu. Eine ideale Mischung für die dort ansässigen Gehölze. Ein weiterer Grund, warum Pappeln so hoch werden dürfen, ist ihr vermeintlich niederer Wert für die Holzindustrie. Wer schon einmal eine Pappel gefällt hat, der weiß, dieser Baum ist lebensgefährlich. Durch seine schiere Größe und sein Spannungsverhalten im Holz ist dieser »Kerl« nur schwer berechenbar. Beim Schlagen kommt es immer wieder zu unkontrollierten Rissen und Brüchen, bei denen schon so mancher Waldarbeiter schwer verletzt

---

[29] Peter Wohlleben, geb. 1964.

wurde. Liegt der Bursche dann um, so ist er wie ein nasser Schwamm. Die Scheiben sind mit der Hand fast nicht zu spalten, es macht keinen Sinn. Normalerweise sind solche Riesen bzw. Baumscheiben im feuchten Zustand leichter zu spalten, hier ist es gerade andersrum. Das Beil fährt in die Pappel wie in ein Stück Gummi. Es tut sich nichts. Aus diesem Grund sollte das Gehölz bzw. die Stücke erstmal trocknen. Ist das ganze Wasser raus, dann fühlt sich das vorher so schwere Zeug an wie Balsaholz (das Holz des Balsabaumes hat eine sehr geringe Dichte). Es ist nun total leicht. Dementsprechend ist auch sein Brennwert und wir hätten zu Ende philosophiert über die Pappel. Nach meinem Dafürhalten werden seit Jahren aus dem Holz der Pappel deshalb überwiegend einfache Gegenstände wie Streichhölzer gefertigt, leider taugt es für etwas anderes nicht so gut. Aber als Streichholz hat es beste Eigenschaften. Es ist sehr leicht, bleibt noch einigermaßen stabil, wird sehr trocken und ist super einfach entzündlich. Auch Bastler nutzen es für ihre Modelle. Ich mag die Pappel am liebsten, wenn sie in voller Pracht und wie ein Riese am Flussufer thront und der Wind durch ihre Hunderttausenden von Blätter fegt und dieses klackende bzw. zitternde Geräusch myriadenfach ertönt. Zwischen den Bäumen gibt es Wiese und viel Freifläche, so dass jeder genug Platz hat. Die Pappeln und auch die großen mächtigen Stieleichen mit ihren krummen Ästen, die im dunklen etwas unheimlich wirken, sind für mich die prägendsten Bäume im Waldpark. In so mancher alter Eiche haust ein Hornissenvolk und die können sich auch schon mal gestört fühlen und dann werden Teilstücke gesperrt. Wer mit wachem Blick durchgeht, entdeckt aber auch wahre Exoten wie noch recht winzige Mammutbäume, die hierzulande wohl sehr langsam wachsen oder einfach noch ein paar hundert Jahre brauchen. Ein weiteres Highlight, das regelmäßig viele Sammler anzieht, ist die Zeit im Frühling, wenn der Bärlauch wächst. Ich kenne in Mannheim und Umgebung kein weiteres Gebiet, in dem so viel davon zu holen ist. Der ganze Waldpark bis zur »Silberpappel« (überlebte den heftigen Winter 1929 nicht) ist übersät damit und die Luft ist Knoblauch geworden. Keine gute Zeit für Vampire. Lacht! Eine Verwechslungsgefahr mit dem giftigen Maiglöckchen ist eigentlich ausgeschlossen. Bärlauch hat außer seinem Geruch, seinen länglichen dunkelgrünen Blättern, noch eine leicht pfeffrige und nach Knoblauch schmeckende Note. Er wächst weit vor der Zeit des Maiglöckchens (leider aber immer noch, wenn das Glöckchen auch kommt) und seine Blüten sehen ganz anders aus. Der Bärlauch steht an vielen Stellen so dicht, wie ein englischer Rasen. Besuchen Sie unbedingt einmal den Waldpark und laufen Sie den in Teilen geschotterten Weg bis zur Silberpappel und über die Reisinsel. Eine schöne Halbtagestour, auf der Sie viel entdecken und über Mannheim lernen können (Hinweistafeln).

Zum Abschluss möchte ich Ihnen, liebe Leserin und lieber Leser, noch eine Frage stellen. Kennen Sie den Monte Gogolo? Der »Berg« befindet sich im Schlossgarten mit seinen vielen versteckten Attraktionen und diente den Mannheimern als Rodelhügel. Woher der Name stammt, darüber gibt es unterschiedliche Auffassungen. Die einen meinen, von Hühnern die dort umherliefen. Die anderen sagen, wegen Zapfen, also den »Gockeln«, die dort lagen.

AGONIE

Ich möchte mit Ihnen, liebe Leserin und lieber Leser, eine aktuelle Bestandsaufnahme durchführen. Ich finde, es ist an der Zeit, dass wir reflektieren. Wir sind in etwa bei der Hälfte des Buches angelangt. Was ist aus dem Mittelpunkt der Welt geworden? Wir haben jetzt viel über Mannheim und seine tollen, einzigartigen und bahnbrechenden weltverändernden Erfindungen gehört. Die Quadratestadt ist gegliedert wie eine Tafel Rittersport in Quadrate mit Buchstaben und Nummern. Wie kaum eine andere »mega city« machte es Metropolen wie New York erst möglich, von hier kam die Erfindung der maschinengetriebenen Mobilität, hier wurde die Erfindung der kleinen Sonnen (Verbrennungsmotor) erfunden. Darüber hinaus haben wir den Reiz der Stadt und die besonderen Menschen, Künstler, Erfinder und Zugewanderte die hier lebten und leben, kennengelernt.

Wird die Stadt auch in Zukunft solch herausragende Akzente setzen können? Kommen die großen Erfindungen unserer Ära etwa immer noch von hier? Oder ergeht es der Quadratestadt wie vielen großen Hochkulturen, irgendwann ist halt Schluss und zurück bleiben nur überwucherte Ruinen und Erinnerungen? Ein letztes Stück der alten Mannheimer Festungsmauer, damals hieß das noch Friedrichsburg, befindet sich in den Lauerschen Gärten, einem Park, der zum

Garten von Friedrich Lauer[30] gehörte. Hier wurden wohl 1945 die letzten drei Opfer des NS-Regimes erschossen. Ihr Vergehen war das Schwenken einer weißen Fahne auf dem Dach des renommierten und beliebten Kaufhauses Vetter (N7).

(Herzogenried, umgangssprachlich »Schweinegärten«, eine sehr unpassende Bezeichnung.)

Mannheim und auch seine Schwesterstadt, das einzigartige industrielle Ludwigshafen (ich sage dazu auch Bloch-Stadt, dazu am Ende des Kapitels mehr) durchleben harte Zeiten. Wie dargestellt versinken die Innenstädte in Müll, Schulden, Arbeitslosigkeit, »Sinnlosigkeit« und Unrat. Mannheim wurde 2016

---

[30] Friedrich Lauer (1793 - 1873), Unternehmer und Politiker.

bei der Vorstellung der Abfallbilanz des Umweltministers Franz Untersteller (MdL BW) zum Müll-Weltmeister gekürt, obwohl fast überall der Trend zur Reduktion geht. *In Monnem ticken die Uhren halt anerscht.* Es gibt eine neue Kultur des Wegwerfens und auch des Wegsehens (auch v. Seiten der Politik?), aber eventuell bin ich hier auch zu streng. Vieles landet einfach auf der Straße. Damit meine ich nicht nur den physischen Dreck. In der Bloch[31]-Stadt Ludwigshafen ist das Problem noch eklatanter. Hier gibt es Straßenzüge, da türmt sich der Wohlstandsabfall einige Zentimeter hoch. Die Müllabfuhr und auch die städtischen Verwaltungen scheinen überfordert. Es kommt mir auch so vor, dass die direkt betroffenen Anwohner das nicht mehr stört. Es ist, glaube ich, dieser Effekt, dass man es irgendwann einfach nicht mehr sieht, oder nicht wahrhaben will, wie bei Nachrichten die in Dauerschleife gesendet werden, irgendwann glaubst du es vielleicht. Wenn die Kinder hier aufwachsen, ist das Alltag. Den Kampf gegen den Müll haben die Städte wohl verloren. Am besten wären verrottende Verpackungen oder sich auflösender Abfall, dann könnte man alles einfach fallen lassen und in 14 Tagen wäre es Humus und *Sternenstaub.* Beenden wir das Thema, denn hier gibt es keine Lösung und alles Lamentieren ist vergeudete Zeit. Betrachten wir lieber die Besonderheiten der Stadt. Ich selbst habe mir angewöhnt, ständig Weggeworfenes

---

[31] Ernst Bloch, 1885 - 1977, bedeutender marxistischer Philosoph.

aufzuheben. Es nimmt mir die Ohnmacht. Wo immer ich einen Mülleimer sehe und in der Nähe einen Fetzen Abfall erkenne, nehme ich den *Sch..ß* an mich und werfe ihn in einen der Restmüllbehälter. Toll finde ich die in der Stadt aufgehängten Kaugummitafeln, wo jeder sein Gummi drankleben kann. Ab und zu gehe ich ja auch im Käfertaler Wald auf Sammel-Tour. Spazieren gehen und dabei Abfall aufheben ist sehr erfüllend. Das ist wirklich mein Ernst! Die Hinterlassenschaften erzählen oft auch Geschichten so z.B. ein weggeworfenes Kondom (junges Liebespaar?) auf einem Waldparkplatz, ein Sixpack Cola-Bier-Mix und ein paar Tüten Flips (Party), ein nicht ganz aufgegessener Döner und erbrochenes (Hunger nach der Zechtour), ein weggeworfener Joint (na was wohl?), mehrere Taschentücher hinter einem Busch (Notdurft) usw. Zudem tut man etwas für seinen Körper, seinen Geist und für die Natur. Wir könnten auch behaupten, dass wir etwas zurückgeben. Ich sehe es außerdem als Dienst an Terra mater und meinen Mitmenschen. Oftmals bedanken sich sogar welche im Wald dafür und erklären sich.

Neulich wurde die Stadt zum 400jährigen Jubiläum (einzelne Stadtteile wie Käfertal oder Neuhermsheim, sind über 700 Jahre alt) »aufgehübscht«. Das größte Barrockschloss wurde restauriert. Es ist wirklich ein beeindruckender Bau, der heute hauptsächlich die Universität beherbergt. Auf dem riesen Platz davor finden Konzerte und Veranstaltungen statt. Auch der weltbekannte Billing[32]-Bau (errichtet durch eine Spende des jüdischen Ehepaares Aberle) und nun eine der modernsten Kunsthallen (beherbergt ganz, ganz tolle Bilder und zeitgenössische Kunst) der Welt wurde umgebaut und hat einen neuen Anbau (hier gab es diesmal eine Spende der Fam. Hector). Das bekannteste Gemälde ist wohl das riesengroße Manet[33]-Bild von der Erschießung des Kaisers Maximilian in Mexiko (Insgesamt wurde das Bild vier mal gemalt. Die schönste Version hängt ganz klar bei uns, in *Monnem*). Erwähnen will ich hier noch eine weitere Mannheimer Geburt. Der nach meinem dafürhalten bedeutendste Leiter der Kunsthalle, G.F. Hartlaub[34], schuf hier mit der Ausstellung »Die Neue Sachlichkeit« 1925 Maßstäbe für die ganze Welt, bis in die Neuzeit.

Auch eine neue Straßenbahnlinie wurde fertig und so ist auch der letzte Stadtteil von Mannheim endlich an das Schienennetz angebunden. Das wäre dann *Garden city* (dazu im Kapitel Gartenstadt etwas mehr). Leider fährt die Linie 4 seit kurzem nicht mehr ihre ursprüngliche Strecke von Mannheim Gartenstadt bis rüber nach Ludwigshafen und weiter nach Bad Dürkheim. Die Gründe sind schnell dargelegt. Eine der Brücken bzw. Hochstraßen (Stahlbeton aus den 70er.) in der Schwesterstadt ist dermaßen marode, dass Einsturzgefahr und die Sicherheit nicht mehr

---

32 Hermann Billing 1867 - 1947, Architekt.

33 Edouard Manet (1832-1883), franz. Maler.

34 Gustav Friedrich Hartlaub (1884 - 1963), Kunsthistoriker.

gegeben sind. Schon seit Jahren sind diese Probleme für alle Bürger ersichtlich, denn auf den Hochstraßen wird der Schwerlastverkehr umgeleitet und die Geschwindigkeit begrenzt, um eine weitere Erosion zu verlangsamen. Jetzt hat man das Problem so lange konserviert, bis nichts mehr ging. Erinnern kaputte Straßen, Brücken bei denen die Beton Stützen auf- und Stücke abgeplatzt sind und verrostete Stahlstreben hervorschauen und der Laie erkennt, hier muss was passieren, nicht an Entwicklungsländer?

Manchmal überkommt mich das Gefühl, dass zwar viel irgendwo gebaut wird, aber für die Unterhaltung zu wenig aufgewandt wird. Die Last der öffentlichen Haushalte nimmt mit jeder Baumaßnahme zu. Schon immer habe ich mich gefragt, warum beim Bau öffentlicher Anlagen und Gebäude nicht schon auf die Wirtschaftlichkeit hinsichtlich späterer Wartung geachtet wird oder kontrolliert wird, ob bei der Herstellung, die gängigen Normen und Vorschriften eingehalten werden. Können Sie sich erklären, warum gerade zwei Jahre nach dem Bau der super spektakulären Kunsthallen-Erweiterung (Hector-Bau) eine Platte der Fassade herunterfiel? Das Gewicht eines solchen Teiles soll 50kg betragen. Zum Glück kam niemand zu Schaden. Welch eine Tragik hätte das neue Gebäude überschattet. Jetzt ist es ein Millionen-Sanierungsfall und die Baufirma, die die Platten lieferte, ist pleite. Wer trägt die Kosten? Ich glaube, bisher ist das noch nicht bekannt. Normen sollen nicht eingehalten worden sein und angeblich hätte ein Sturm die Fassade beschädigt. Eine moderne Fassade, die nicht mal einem Unwetter standhält, klingt nicht nach einer tollen Leistung. Das hatten wir schon beim Kapitel mit Goethe erkannt. Leider kommt das gefühlt bei öffentlichen Vorhaben gehäuft vor. Den berühmten Hauptstadt-Flughafen wollen wir gar nicht erwähnen. Es scheint etwas im Baugewerbe, in der modernen Architektur oder zumindest bei der öffentlichen Hand nicht zu funktionieren oder wird hier gezeigt, dass der Fortschrittsglaube, also die Kompensationstheorie, nicht funktioniert?

Ich würde als Bauträger, also der, der später die Zeche zahlt, immer eine Analyse verlangen, die die Pflege und Erhaltung der Bauwerke mit berücksichtigt. Und natürlich Qualitätssicherung. Wenn Sie heute eine Aktie kaufen, dann bekommen Sie von Ihrem Broker, das ist Vorschrift seit 2018, ein Kosteninformationsblatt[35] bzw. eine ex-ante-Simulation über die nächsten zehn Jahre. Das nennt man Kostentransparenz. Stattdessen wird Stein auf Stein geklebt, Straßen asphaltiert, und Fundamente gegossen als gebe es kein Morgen, und mit jeder neuen Straße, mit jedem neuen Werk wächst der Druck auf der Ausgabenseite und der Erhaltungsaufwand (oft wird schlechte Qualität abgeliefert und die Objekte haben nur eine kurze Halbwertszeit). Natürlich wird auch abgerissen, leider viel zu schnell und zu oft. Der große Dieter Wieland porträtiert das in seinen Beiträgen für die GEZ. Seine Filmtitel sprechen für sich: »Unser Dorf soll hässlicher werden oder grün kaputt«. Es wird also mit dem aktuellen »Stadtplanungsprogramm« nicht besser?

---

35 Der Ursprung findet sich in den MIFID II Regeln der EU.

Wer schon mal in Italien war, der weiß, wie es auch gehen kann und wie trotzdem alles funktioniert. *Das ist etwas doppeldeutig von mir gemeint.*

Nicht nur Mannheim löst sich auf, und so langsam zerfallen zuerst bestimmte Bereiche, danach andere, bis alles in sich zusammenkracht. *Risse gehen schon mitten durch alles, was unser Dasein ausmacht, nicht nur durch die Bauten.* Als gläubiger Mensch frage ich mich oft, hat das »Armageddon« des Johannes schon begonnen? Haben wir den Peak, diesen Punkt, an dem es kein zurück mehr gibt, schon hinter uns gelassen? Es braucht Hoffnung (Tagträume a la Bloch) und davon gibt es genug, blicken Sie auf die Natur und ihre Wunder, wie die Sonnenblume mit ihren perfekt, nach dem goldenen Schnitt, angeordneten Blüten und Samen. Auch die Stadt Mannheim plant einen neuen Grünzug Nord-Ost anzulegen. Hoffentlich kommt er? Ich bin mir sicher hier fallen keine Platten vom Himmel, höchsten Äste. Bleiben wir bitte am Thema dran, was ist noch alles im Argen? Zu diesen Einheiten gehören mit Sicherheit auch einige Schulen. Viele unserer Mannheimer Bildungsstätten sind Sanierungsfälle, baulich wie auch inhaltlich. Es gibt »Quälanstalten«, da würde ich freiwillig niemanden reinstecken, leider gibt es nur wenige Alternativen und eine *Pflicht* zum Erscheinen. Einige davon sind unbezahlbar. Ich kenne fast niemanden, der betucht ist und sein Kind bzw. seine Kinder freiwillig auf staatliche Schulen packt. Die meisten bevorzugen andere Einrichtungen. Ich kann das nur verstehen, wobei ich ganz fabelhafte Lehrer an den rein staatlichen Schulen kennengelernt habe. Hier beginnt schon ein Klassenunterschied. Die einen gehen gerne zum Lernen, denn es macht Spaß und die Pädagogen sind mit Herz und Vernunft dabei. Die anderen haben das Nachsehen und kriegen Unterricht in modernen Baracken von zweifelhaften »Leerkräften«. Ich gebe zu, das war drastisch formuliert von mir und es gibt sehr viele sehr gute und engagierte Ausbilder, die ihr Können oft nicht zeigen dürfen. Die Alfred-Delp[36]-Schule in Mannheim zum Beispiel ist nach ihrem Namensgeber aus dem Kreisauer Kreis benannt. Das ist einer der Menschen, die dem Nationalsozialismus die Stirn boten und es mit ihrem Leben bezahlten. Die Schule wurde in den 70er Jahren eröffnet. Ich selbst genoss damals den Wechsel von der alten Waldschule unter vielen Bäumen in diese aus Waschbetonteilen gefertigte moderne Schule. Nach etwa 50 Jahren Betriebszeit ist das Gebäude am Ende. Überall zieht es. Eine Sanierung sei unwirtschaftlich und deshalb folgt ein Abriss (wann, ist nicht bekannt) und ein Neubau. Warum halten manche alten genieteten Eisenbrücken hunderte von Jahren und meine alte Waldschule steht auch schon sehr lange und die neuen Betonklötze sind nach kurzer Zeit total am Ende? Dafür habe ich keine Erklärung, denn ich bin kein Architekt oder Fachmann, ich weiß nur, Beton besteht aus Zement, Wasser und Kies plus Zusätzen. Meine Ansicht oder Einsicht kennen Sie bereits. Zum Glück gibt es Hoffnung, die Stadt hat ein über 100 Millionen schweres Zuschusspaket aus Landes- und Bundesmitteln erhalten.

---

[36] Alfred Friedrich Delp, 1907 - 1945, Mannheimer Jesuitenpater

Ob das reicht, weiß ich nicht? Ob die Pandemie an der Situation etwas verändert, wissen wir auch noch nicht. Aber in Mannheim bröckeln ja nicht nur die Schulen vor sich hin, sondern auch so manches Polizeirevier, Straßen, öffentliche Schwimmbäder bzw. Gebäude, Spielplätze und nicht zu vergessen der Wohnraum. Guter gesunder bezahlbarer Lebensraum ist Mangelware geworden in vielen Metropolen, nicht nur in der Welthauptstadt. Das ist auch so ein Ding unserer Gegenwart. Lassen Sie uns kurz dieses Kapitel beleuchten. Kennen Sie die Mannheimer Vogelstang? Schon zu Beginn ein Skandalbau. Die Gewerkschaftseigene Baugesellschaft (Neue Heimat) bereicherte sich zu Unrecht an ihren Mietern, schreibt der Spiegel 1982. Die Vertreter der Arbeitnehmer sollten doch helfen, wie kann das geschehen, dass hier »Verbrecher« sitzen? Ich selbst bin dort aufgewachsen. Meine Eltern hatten eine Neubauwohnung bekommen. Sie war für uns damals der reine Luxus, große helle Räume, ein separates Bad mit Wanne, einen Balkon usw. und es gab einen Spielplatz direkt vor dem Haus. *Alles war megacool und geil neu.* Heute sind die Gebäude und Wohnungen nach meinem Dafürhalten total runtergekommen und schreien nach Renovierung. Es sind »marode« Betonklötze, möglicherweise hilft auch wie bei meiner alten Schule nur noch der Abriss. Aber wer soll das bezahlen? Ist Ihnen, liebe Leserin und lieber Leser, aufgefallen, wie groß aktiennotierte Wohnungsgesellschaften dieser Tage geworden sind? Manche haben es sogar innerhalb weniger Jahre in den Dax geschafft. Das Grundprinzip einer AG ist *sharehoulder value*, also einen

Mehrwert für die Anteilseigner (Aktionäre) zu schaffen. Bei Mietobjekten auf einem angespannten Markt könnte man es so machen. Sanierung runter und Mieten erhöhen und der Rubel rollt. Die Mieter *müssen* wohnen und da der Wohnungsmarkt angespannt und leer ist in den Ballungszentren, haben die Wohnungssuchenden und -mieter keine Wahl. Wieso geht die Politik dieses Problem nicht an? Hier in Mannheim gibt es gerade einen Skandal um das CDU-Mitglied Herrn Löbel. Der SWR tituliert hier »Der Mannheimer Bundestagsabgeordnete und CDU-Kreisvorsitzende Nikolas Löbel ist wegen seiner Praktiken als Vermieter in die Kritik geraten.« Mit dem Fall beschäftigen sich auch die Gerichte und noch ist, soweit ich weiß, kein abschließendes Urteil ergangen und so gilt wohl der alte juristische Spruch, erstmal abwarten, keine Vorverurteilungen. Gier frisst Hirn, fällt mir hierzu ein. Etwas Ähnliches passiert übrigens auch, wenn Städte und Gemeinden denken, sie müssten ihre Infrastruktur privatisieren. Wasser, Strom, Müll usw. sollte in den Händen der Kommunen bleiben. Hier haben viele Städte ihre Fehler erkannt und holen sich ihre Hoheit über die Versorger zurück. Ein besonders eindrucksvolles Beispiel ist London und die Privatisierung des Wasser unter M. Thatcher (einen guten Artikel darüber finden Sie im Anhang). Multinationale Konzerne neigen dazu, die abhängigen Kunden wie Zitronen auszupressen. Manchmal ziehen sie dann gerade weiter und hinterlassen einen Scherbenhaufen. Zur Rechenschaft gezogen werden sie eher selten. Aber hier dreht sich wohl gerade der Wind, denn viele betrogene Autokäufer konnten ihre

Ansprüche durchsetzen und so mancher aus den Führungsetagen der Konzerne sieht einem Prozess und Schadensersatzklagen entgegen. »Recht so«, sagt der Volksmund und der Verbraucher geht vor.

Obwohl soviel marode Infrastruktur vorhanden ist und es nach meinem Dafürhalten total schlau ist, Geld in vernünftige Bauprojekte zu pumpen, geschah die letzten Jahrzehnte zu wenig. Ich bin der Meinung, der Staat bzw. die Städte investieren schlecht oder lassen sich über den Tisch ziehen. Denken Sie bitte nochmal an den Berliner Flughafen (wurde jetzt während der Pandemie fertig, wo es grade keine Flugverbindungen braucht, sondern anderes) oder das 400-Millionen-Euro-Loch bei der Sparkasse Mannheim, das plötzlich in den 90er Jahren aufriss. Da hätten wir Mannheimer wohl locker das alte Kaufhaus wieder aufbauen können. Vorsitzender des Sparkassen-Verwaltungsrates war damals der designierte OB Mannheims Gerhard Widder. Hauptvorwurf der Staatsanwaltschaft seinerzeit: Es wurden Kredite ohne ausreichende Berücksichtigung des Risikos vergeben, obwohl es von interner Seite Warnungen gegeben hatte. Keine Frage, nicht jeder Kredit ist später werthaltig und wird getilgt. Wenn eine Sparkasse wie Mannheim aber einer einzelnen Person 100 Millionen gibt oder 45 Millionen für eine Puddingfabrik im Osten und das Projekt scheitert, dann stellt sich schon die Frage, warum so ein großes Klumpen-Risiko eingegangen wurde. Jede Oma, auch die populäre Frau Sanders, die an der Börse investiert, kennt doch die Regel nicht alle Eier in einen Korb. Wieso kannte Herr Widder diese Regel nicht? Zur Erinnerung unter sein Ägide wurde das alte Kaufhaus abgelehnt. Zwei Bankmitarbeiter wurden damals inhaftiert. Erst 2019 wurde dieser wahrscheinlich größte deutsche Finanzskandal um ein kommunales Geldhaus und einen Rechtsstreit beigelegt. Die Stadt Mannheim, die heute als hoch verschuldet gilt, steuerte damals zur Rettung der Bank 200 Millionen plus eine Bürgschaft über 150 Millionen bei. Genug Geld, um *paar* Schulen zu sanieren. Man wirft es lieber in den Schlund von zwielichtigen Geschäftsleuten, die wie Gaukler auftreten. Ein nachhaltiges Wirtschaften sieht für mich anders aus. Es gab keinen vernünftigen Grund, warum die Sparkasse damals solch ein Risiko eingegangen ist. Noch vor kurzem war das wichtigste Ziel sparen und so wenig wie möglich neue Kredite aufnehmen. Diese tollen Maastricht-Vorschriften schreiben den einzelnen Ländern vor, wie viel Schulden sie maximal im Verhältnis zu ihrer Wirtschaftsleistung aufnehmen dürfen. Angeblich soll es bei 80 Prozent BIP[37] kritisch werden. Japan hat schon seit Jahren über 200 Prozent und es läuft. In modernen Zeiten muss man einfach Althergebrachtes überdenken und dazu gehört auch die »Ebbe«. Damit meine ich die Geldnot in den einzelnen Kommunen. Ich bin dafür, lieber Minus zu machen und dafür in die Zukunft (aber nicht in Puddingfabriken) zu invertieren. Das gilt für den Staat und nicht für mich als Privatperson. Noch vor kurzem drückten uns, also die Stadt, bleiben wir bei Mann-

---

37 Bruttoinlandsprodukt ist die Summe aller produzierten Waren und Dienstleistungen per annum.

heim, um die Dinge nicht zu stark aufzublähen, an vielen Stellen die Schuhe.

Die Verschuldung von Mannheim lag 2020 bei etwa 500 Millionen. Durch Corona gab es ein Loch von etwa 200 Millionen. Das klingt unspektakulär (fast 40 Prozent neue Schulden), dann könnten wir doch die marode Infrastruktur erneuen. Setzen wir die Zahlen ins Licht und vergleichen die Gesamtschulden mit Heidelberg (172 Mio.), Karlsruhe (186 Mio.) oder Stuttgart (58 Mio.). Der Vollständigkeit halber kommt noch Ludwigshafen, hier sind es 1,7 Milliarden. Das klingt irgendwie nach recht viel, aber man darf nicht vergessen, dass »Lumpenhafen« ein großer Industriestandort ist. Jetzt empfinde *ich* die Verschuldung in Mannheim *höher* als bei vielen anderen Gemeinden. Und durch den aktuellen Dauer Notstand wird sie weiter steigen. Nicht verschweigen möchte ich, dass eine Stadt auch einiges an Vermögen haben kann. Die Prüfer von Ernst und Young kamen zu einem recht unpopulären Ergebnis. Sie stellten fest, dass wir die höchste pro-Kopf-Verschuldung im Südwesten haben. Sie erinnern sich an die Rolle dieser Prüfer im letzten Finanzskandal, der Subprime-Krise? Aber, und das lässt doch für die Zukunft positiv stimmen, wir Mannheimer haben auch 2,2 Milliarden an Vermögen. Demgegenüber stehen totale Verbindlichkeiten (was soll das jetzt bedeuten) von 765 Millionen Euro. Woher die Differenz von etwa 265 Millionen (von zuerst genannten 500 Mio.) kommt, weiß ich nicht (es sind unterschiedliche Quellen und Bilanzierungen sind wie eine Trickkiste). Positiv ist aber, unter dem Strich bleibt ein Plus und ich würde an dieser Stelle das Minus einfach ausgleichen, so leicht ist das aber nicht. Denn das Vermögen ist zum Teil immobil, denn es sind Brücken (waren die nicht kaputt?), eine Mumie für einen Euro im Museum oder das Wild im Käfertaler Wald für ca. 15.000 Euro. Hoffentlich wurde der *Goodwill = Wohlwollen* (lacht! hier wird bei AGs oft maßlos übertrieben) nicht zu hoch angesetzt. Der Stadt Mannheim darf man zu Gute halten, dass das Eigenkapital 1,1 Milliarden beträgt und die letzten Jahre die Schulden abgebaut wurden. Mit den ganzen hier genanten Zahlen ist es nicht einfach. Sie werden Berichte finden, in denen die pro-Kopf-Verschuldung bei 3.000 Euro oder auch bei 5.500 Euro liegt. Schätzungsweise auch andere. Es wäre also notwendig, sich die Parameter selbst zusammenzusuchen und klar zu benennen, wo die Quelle ist. Zum Beispiel kann es zu Abweichungen kommen, durch allerhand legale»Bilanzierungstricks« oder erlaubte und regelkonforme Interpretationen. Dann sprechen viele auch von einer Kernverschuldung, Gesamtverbindlichkeiten usw. Dann könnten wir noch die Schulden der Beteiligungen mit einrechnen oder der Eigenbetriebe. Das ist ein spannendes Thema. Für uns, denke ich, reicht es, dass wir wissen, Mannheimer Bürger sind sehr hoch, wahrscheinlich am höchsten verschuldet. *In Monnem gibt's halt nur Superlative, entweder die beschte oder gonz hinne.* Die Einwohnerzahl von Mannheim betrug laut kommunaler Statistikstelle mit Hauptwohnung zum 31.12.2019, 321.261. Es wurde mehr gestorben als neu geboren, aber durch Zuzug etwa 30 Tsd. minus Wegzug etwa 27 Tsd. bleibt ein Plus von ca. tausend. Also wie gesagt, das sind keine verbindlichen Rechnungen (ohne Gewähr), denn ich nähere gerne. Die genauen Zahlen, die Monnemer Bilanz und weitere fundamentale Daten können Sie aber über die Links am Buchende finden.

Am Anfang dieses Kapitels erwähnte ich kurz den Philosophen Ernst Bloch, er kommt aus Ludwigshafen. Für mich sind diese beiden Städte sehr eng miteinander verbunden. Der Rhein als die Lebensader Deutschlands verbindet beide miteinander. Blochs Philosophie beruht verkürzt erklärt auf Utopien, der Tagträumerei und wie man daraus Hoffnung gewinnt. Ich wollte das als Aufmunterung verstanden wissen. Also träumen wir ruhig von einer besseren Zukunft, in der die Notverordnungen vorbeigehen und sich alles zum Guten wendet. Verlassen wir das zum Teil trübe Thema und widmen wir uns einem kleinen humorvollen Star aus der Quadratestadt.

BLUME-PETER

Der Peter Schäfer, wie er richtig hieß, liebe Leserin und lieber Leser, war wohl eine besondere Gestalt in den Quadraten, die Aufgrund einiger Erkrankungen nicht ganz »vernünftig« daherkam. Er war kleinwüchsig, hatte ein markantes Gesicht, trug wohl der Zeit angepasst eine Schiebermütze und soll ein lustiger Kerl gewesen sein. Manches ist sicherlich auch Legende. Geboren war er 1875 in *Plankschd (Plankstadt).* Irgendwann fand er seine Bestimmung und probierte seinen Lebensunterhalt mit dem Verkauf von Blumen aufzubessern. Überliefert ist, dass die Familie ihn dazu anhielt bzw. ermunterte. *Peter* hat wohl nie eine Schule besucht und weil er immer durch die Innenstadt zog und die Bürger anhielt mit dem Spruch »Kaaf mer ebbes ab!«, wurde er bekannt und ein Teil des Lokalkolorits. Herr Schäfer verkaufte *Florales,* wie heute noch die Rosenverkäufer, nur schon viel, viel früher und seiner kleinwüchsigen und besonderen Erscheinung wegen wurde er zu einer Lichtgestalt und später dann zu einem »Maskottchen« der Quadratestadt, ähnlich wie Perkeo[38] in Heidelberg. »Blume-Peder« wurde für seine philosophischen und »weisen« Ergüsse der Bloomaulorden gewidmet. Dieser zeichnet schlagfertige Mannheimer »Goscher« aus. Diese Auszeichnung wird Jahr für

---

[38] Äußerst trinkfester Hofnarr und Hüter des großen Fasses zu Zeiten des Kurfürsten Karl III. Philipp von der Pfalz.

Jahr an honorige Bürger verliehen. 1966 schuf der Mannheimer Künstler Gerd Dehof zu Ehren des Herrn Schäfer eine Bronzefigur die zunächst in N 4, auf dem Kapuzinerplatz und später in den Kapuzinerplanken, besser *Kabuzinaplonke*, Aufstellung fand. Hier kann man den Blumenverkäufer (*Blumefakoifa*) sitzend und in voller Größe mit Schlapphut betrachten.

(Blumenpeder Figur mit einer Platanen Sammelfrucht in der Hand.)

Noch heute ist der Blumen-Peder oder Blumepeter tief im Mannheimer Gedächtnis verwurzelt und so manch einer steckt ihm eine Blüte zu (dafür eignet sich am besten die rechte Hand). Oft sind es so viele, dass er sie gar nicht alle mit seinen Fingern fassen kann. Es gibt sogar ein alljährlich wiederkehrendes karitatives Fest zu seinen Ehren. Aktuell ist es gerade abgesagt und ich hoffe, dass nicht zu viel Kultur verlorengeht. Ein gemeinsamer Lebensstil, damit meine ich nicht nur Theater, Kunst, Museen, Odeons, Konzerte, große Feste usw., sind ein großer Schatz und einen eine Gesellschaft. Das ist der Kit. Ohne das wird man Kulturlos, also ein »Banause«, danach anscheinend herzlos. Was dann kommt, ist der Moral- und Sittenverfall.

Das Ende vom beliebten Blumen-Dealer *Peter* liegt im Dunkeln. Es ist nicht bekannt, ob er ein Opfer der T4-Aktion (systematische Ermordung von geistig behinderten Menschen) der Nationalsozialisten wurde. Fakt ist wohl, dass er 1940 in einer psychischen Einrichtung in Wiesloch verstarb. Sein Grab befindet sich dort.

DIE GOLDENEN ZWANZIGER

Lassen Sie uns etwas übertreiben in diesem Kapitel und unvernünftig sein, ganz entsprechend dieser Phase. Die 1920er Jahre waren ein zutiefst ungleiches Zeitalter, liebe Leserin und lieber Leser. Parallelen zu heute lassen sich erkennen. Das muss aber nichts bedeuten. Hoffentlich kommt es diesmal anders. Wiederholt sich die Geschichte? Manchmal ja und auch nein. Der Friedensengel von Paul Klee (Angelus Novus, hängt in Israel, im Museum Jerusalem) legt sich hier fest, wobei auch er nicht die Zukunft kennt, aber er hat so eine Vorahnung. Wer hätte sich schon träumen lassen, dass ein kleines Virus mal die Welt beherrscht? *Archeen*, das »blaue, heiße« Urbakterium hat ja auch mal die Urerde mehr oder weniger für sich alleine gehabt. Vorgestellt hatte ich mir, dass irgendwann ein *Super-Oligarch* wie Gerd Fröbe[39] im James Bond mit dem Titel »Goldfinger«, uns alle unterjocht, oder es kommt wie in Star Wars oder einer der eloquenten Superreichen unserer Zeit erklärt durch seine hunderten von Milliarden, wo es langgeht. Wie war das aber damals in dieser goldenen Phase und können wir hier für unsere Zukunft etwas lernen bzw. erkennen?

Trotz des enormen wirtschaftlichen Aufschwunges hatten die goldenen Jahre auch erhebliche Schattenseiten. Die Arbeitswege der Hausfrau wurden ge-

---

39 Gerd Fröbe (1913 - 1988), Deutscher Schauspieler.

stoppt und von der Designerin Margarete Schütte-Lihotzky dann in eine perfekte, zeitsparende und auf das sachliche reduzierte Küche gepackt. Hier verlor der Küchenraum seine bisherige soziale Bedeutung, als warmer Ort und Mittelpunkt der Familie. Damals lebten die meisten in Zweizimmerwohnungen. Wir besitzen keine Standard-Einbauküche und unser Leben und sogar das Arbeiten spielt sich in unserer Kombüse ab. Bei uns dürfen die Wege lang sein, Hauptsache, es ist gemütlich, das Essen lecker und alle fühlen sich wohl. Aber wie so oft versucht der Mensch, die Zeit zu managen, um dieselbe einzusparen, damit sie an anderer Stelle sinnvoll genutzt werden kann. Die Frankfurter Küche (Einbauküche) war erfunden und das war schon eine Revolution für die Hausfrauen und die Männer. Es gab jetzt eine Kochstraße nach Industriedesign und -maßstäben.

Die durch das gute Zeitmanagement frei werdende Zeit wurde reinvestiert, zumindest mancherorts. Es gab rauschende Feste und dekadente Partys, während auf den Straßen Kriegsversehrte des Ersten Weltkrieges um Almosen bettelten. Sehr gut drücken das die Bilder von Dix[40] aus. Unsere Kunsthalle besitzt u.a. das sehr drückende Gemälde »Streichholzhändler«. In Amerika war das die Zeit der Prohibition (Alkohol war in Chicago verboten und deshalb blühte der illegale Handel damit). Der Wohlstand war auf wenige Schultern verteilt. Aus diesem Grund formierte sich Widerstand gegen Fabrikbesitzer (Oligarchen), die

---

[40] Otto Dix (1891 - 1969), dt. Maler aus der neuen Sachlichkeit.

sich die Taschen »vollstopfen« und ihre Mitarbeiter ausbeuten. Monnem, die Arbeiterstadt, hatte auch hier ein gehöriges Wörtchen mitzureden. Hier wollten die Bürger die sinnlose Bereicherung einiger weniger nicht einfach so akzeptieren. Wie schon so oft an dieser Stelle berichtet, war die Quadratestadt in diesen Zeiten die proletarische Hauptstadt Badens und somit ein Zentrum der Arbeiterbewegung in ganz Deutschland. Das brachte es mit sich, dass hier auch eine *Streikhochburg* war. Es gab einfach damals viele Arbeitsniederlegungen für mehr Lohn, bessere soziale Verhältnisse, faire Arbeitsbedingungen und ein Mitspracherecht. Es ging um Gerechtigkeit und Wohlstand für alle. Dinge, die uns heute als selbstverständlich erscheinen, die aber über Jahrzehnte, ggf. Jahrhunderte, hart erkämpft wurden.

Wie bereits dargelegt, herrschte auf der einen Seite Armut und auf der anderen grenzenloser Wohlstand. Heiner Geißler (eh. Generalsekretär der CDU und Sozialminister), sagte einmal in einer Talkrunde: »Es gibt Geld wie Dreck, es haben nur die falschen Leute.« Die sozialen Schichten waren und sind für viele undurchlässig. Eine kleine Minderheit besaß in den Zwanzigern das meiste Kapital, den Boden, die Produktionsmethoden und die Willkür, man könnte das Wort auch tauschen in absolute Macht. Laut Statista, Stand 2019, besitzen weniger als ein Promille der Weltbevölkerung, fast 44 Prozent des Kapitals. Eine Mehrheit hat weniger als 10.000 Dollar. Jeff Bezos wird bei Google mit stand Februar 2021, mit jetzt 184 Milliarden geführt. Musk hat in etwa genauso viel. Ehemals entstand auf diesem Nährboden deshalb die philosophische Arbeit von Karl Marx (Das Kapital). Besonders eindrucksvoll wird das in dem 1927 uraufgeführten Film von Fritz Lang[41] mit dem vielsagenden Titel »Metropolis« aufgegriffen. Damals ein totaler Flop, heute ein Kinofilm, der als Weltkulturerbe eingestuft wird und die Mutter aller Science-Fiction-Filme ist. Der Streifen zeigt auf, was passieren kann, wenn zu viel Kapital und daraus resultierend Willkür in der Hand von nur einigen bzw. einzelner Personen ist. Alle anderen haben dann nichts mehr zu lachen und tanzen nach fremder Pfeife. Ein jähes Ende nahm diese kurze nur für einige wenige »güldene« Zeit mit der Weltwirtschaftskrise 1929. Die Party war zu Ende. Nach dem verlorenen Ersten Weltkrieg, der Abdankung des Kaisers, der jungen ersten demokratischen Republik (gemeint ist die Weimarer Republik) zog nun neues Unheil über Deutschland und Mannheim herauf. Es waren für manche unmoralische Zeiten, in denen Frauen kurze Haare trugen und die Individualität ausgelebt wurde. Eigentlich wie heute! Das alles endete jäh und abrupt. Total unvorstellbar in der Gegenwart?

Auf die erste Rede von Adolf Hitler im Nibelungensaal des Rosengartens im Jahre 1928 schrieb die Volksstimme (Parteizeitung der SPD) mit Sitz in R3,14:

»... Adolf Hitler. Da steigen die Erinnerungen an das Jahr 1923 herauf. Da denkt man des Einbruchs der Franzosen in das Ruhrgebiet, der Separatisten

---

[41] Fritz Lang, 1890 - 1976, Regisseur und Schauspieler.

und weiß, dass ihre größte Hoffnung ... die bayerische Hitlerbewegung war ... Der Ruhm Adolf Hitlers ist gewaltig verblaßt. Aus Hitler, dem vor fünf Jahren noch eine gewisse derbe Ursprünglichkeit, gepaart mit reichlich viel Naivität, eigen war, ist ein geschniegelter, gestriegelter Poseur geworden. Die Geste ist alles. Was früher Ursprünglichkeit war, ist heute Theaterdonner ... Hitler ... ist ein ganz kleiner Komödiant geworden, zu dem man nur noch hingeht, um bestätigt zu finden, was heute schon kein Geheimnis mehr ist. Der Zauber ist vorüber. Das war auch der Eindruck des gestrigen Abends. Eine einzige Enttäuschung ... Es war nationalistischer Egoismus in Reinkultur, den uns Adolf Hitler vorsetzte. Ein tohuwabohu unvergorener, von irgendwoher zusammengetragener Ideen, durchsetzt von ganz unmöglichen Plattheiten ... Adolf schwätzte zwei Stunden, wischte sich mit eleganter Bewegung den Schweiß vom Gesicht, fuhr sich kühn mit derselben durch die Schmachtlocken, mit der er sein braunes Heer zur Befreiung Deutschlands aufrief, und mimte Mussolini. Ein eitler Schwätzer, der zeitweilig günstigenfalls ein paar Jugendliche betören kann, denen es noch am rechten Einblick in die großen Dinge des Lebens fehlt, ein gutmütiger Spießbürger, zu dem ein paar wild gewordene Intellektuelle, die sich heute schon vor ihrem eigenen Mut wieder fürchten, zu dem ein paar Kegelgesellschaften als ihrem Stern aufblicken ...« (Volksstimme, Ausgabe Nr. 318, 24.11.1928)

Ich habe selten eine bessere, pointiertere Beschreibung des »Herzkönigs« Hitler gelesen. Wir alle wissen, wie schrecklich das ausgegangen ist. Was wäre gewesen, wenn man dem Schreiber der Zeilen im Geheimen anvertraut hätte, was noch Fürchterliches durch diesen »Poseur« kommen würde, was die braune Bewegung in kürzester Zeit noch alles anrichten würde. Ein bekannter Wahlspruch von damals lautete, »wer Hitler wählt, wählt Krieg«. Es stimmte und reicht bis in die Gegenwart!

Niemand kann wissen, wie sich bestimmte Personen an den Schaltzentren der Macht verhalten. Wir alle haben schon die Erfahrung machen müssen, dass total nette, freundliche und empathische Kollegen nach einer Beförderung plötzlich ein ganz anderes Gesicht zeigten. Mein Tipp, nichts darf die Grundrechte bzw. unsere Verfassung aushöhlen. In der Not ist es besser, wenn die demokratischen Kräfte zusammenstehen. Es geht so verdammt schnell und alles ist verloren (Damit meine ich das Erbe unserer vielen Generationen, die für Freiheit und soziale Gleichheit eingetreten sind.) Wie bei einem Starkregen oder einer Sturmflut kann die »Natur« des Menschen in Bruchteilen alles auslöschen. Deshalb ist es auch nötig, dass wir als Bürger auch mal auf die Straße gehen oder anderweitig unsere Meinung kundtun und das darf auch eine andere sein als der Mainstream. Jeder darf seine Standpunkte äußern, ob Idiot, Wirrkopf oder Wissenschaftler. Alles sollte höflich und im Rahmen einer gesunden Dialektik erfolgen, die auch Unterschiede abkann. Unser Gegenüber ist trotz anderer Auffassung nicht unser Feind. Wir sind eine große Menschheitsfamilie. Die zehn Gebote scheinen mir hier als Verhaltenskodex hilfreicher als die ganzen Gesetze.

Wussten Sie, dass die Machtergreifung durch die NSDAP in Mannheim nicht so einfach von Statten ging? Hier gab es regelrechte Straßenschlachten und Häuserkämpfe. Es wurde geschossen, aber die Kräfteverhältnisse waren zu ungleich. In der Quadratestadt gab es viel mehr Widerstand, als ich dachte, und auch danach machten viele im Untergrund weiter und riskierten ihr Leben. Erwähnen möchte ich hier den jüngsten Reichstagsabgeordneten und Vorsitzenden des Vereins Reichsbanner schwarz-rot-gold (der Verein existiert heute noch), zum Schutze der Weimarer Republik, Herrn Ernst Roth[42] und seinen Heldenmut. Schade, dass nicht mehr über solche herausragenden und mutigen Persönlichkeiten berichtet wird. Ständig auf der Flucht, leistete Roth illegalen Widerstand und schaffte es, niemals erwischt zu werden. Die Mannheimer Künstler Regina und Hugo Steegmüller, haben daraus eine tolle Revue, »Die goldenen 20er des vorigen Jahrhunderts«, gemacht.

Wir wissen alle, was nach den angeblichen, viel gelobten goldenen Zwanzigern kam und wie die Menschheitsfamilie dadurch traumatisiert wurde. Im nächsten Kapitel wollen wir speziell für Mannheim noch etwas genauer hinschauen.

---

[42] Ernst Roth, 1901 - 1951, Reichstagsabgeordneter, Journalist und Partisan.

HARTES ERBE

Leider, liebe Leserin und lieber Leser, hat jede noch so bedeutende Stadt, jedes noch so erfolgreiche Unternehmen, jede noch so glanzvolle Epoche auch ihre Schattenseiten. Gilt das auch für Personen? Es verhält sich wie mit Tag und Nacht oder Regen und Sonnenschein oder Porzellan und Elefanten. Einen Dauerzustand gibt es nicht. Das wusste schon die Bibel und meint dazu: »Wir wären alle Sünder und schuldig, von Geburt an.« (vergl. AT, Genesis, erstes Buch Mose, Vers 3,4-5)

Das geliebte »Monnem«, hat über die Jahrhunderte doch so einige schwarze Flecken abbekommen. Wir könnten auch sagen, es gibt ein inneres Kind, sinnbildlich nehmen wir dafür den »Blumen-Peter«. Niemand kann sich die Zeit, seine soziale Stellung und das politische System, in das er hineingeboren wird, aussuchen. Also hat man keine Schuld an den Umständen der eigenen Geburt. Später wird das in Frage gestellt werden müssen, denn das Leben und die Historie wird von Menschen, also uns, gemacht. Im Laufe unseres Daseins erwerben wir Karma und in der Nacht ohne Morgen, wird über uns gerichtet, soviel zur Theorie, aber bleiben wir erstmal bei der Praxis.

In Mannheim wohnten schon immer viele unterschiedliche Menschen und Völker dicht beieinander. Im Kapitel »Schmelztiegel der Kulturen« hatten wir das schon kennengelernt. Die Stadt profitierte enorm von den Leistungen ihrer Zugewanderten und Zugezogenen, ansonsten wäre der Titel Welthauptstadt nicht möglich gewesen. Viele der bahnbrechenden Erfindungen wurden von Personen mit schönen ausländisch klingenden Namen vollbracht, dahinter dürfte so mancher Migrationshintergrund stehen, wie bei mir. Die Stadt ist heute zum Glück wieder sehr stolz auf ihr kulturelles Erbe. Das war nicht immer so. Fatalerweise kam mit dem Ersten und Zweiten Weltkrieg eine Zeit, in der Mannheim nicht nur alle Kirchenglocken verlor. Damals gaben die Leute, um die Kriegsmaschinerie am Laufen zu halten, sogar ihre goldenen Eheringe und natürlich anderes Metall, das sich zum Einschmelzen eignete, ab. Hier wurden Töpfe, Besteck, Eisenwaren, Gegenstände aller Art mehr oder wenige freiwillig herausgegeben. Dass die Leuteaus Patriotismus auch so heilige Dinge wie Eheringe spendeten, scheint mir aus heutiger Sicht verwunderlich. Nie im Leben würde ich das freiwillig tun (Ich besitze aber auch keinen, aber, wenn ich einen hätte, wäre er mir heilig), so kommt es mir in den Kopf. Gäbe es eine Partei, die mit dem Wahlversprechen antreten würde, dass Sie sofort alle Kriege und die Unterstützung dafür beenden wird, so würde sie mit Sicherheit meine Stimme bekommen. Ich bin großer Anhänger der Meinung von Dr. Daniele Ganser[43], dass wir niemanden bombardieren sollten, denn wir sind eine große gemeinsame Familie

---

43 Dr. Daniele Ganser, 1972, Historiker u. Friedensforscher.

(Stichwort Nächstenliebe). Ob wir an die Bibel glauben oder an die Evolution nach Charles Darwin bzw. Alexander von Humboldt, der Ursprung von uns allen ist der gleiche.

(Kubischer Glaswürfel mitten in der Fussgängerzone, den Planken, mit den Namen von 2240 der deportierten und vertriebenen jüdischen Bürgern. Ein sehr gelungenes Mahnmahl wie ich finde. Etwa 6.000 Mitglieder war die jüdische Gemeinde groß. Heute sind es wieder ca. 600.)

Seinerzeit, während der Feldzüge, gaben die Bewohner der Quadratestadt ihr letztes Hemd. War das ehrenhaft, solidarisch, Wahnsinn oder Dummheit? Sie schlugen Eisennägel und wer es sich leisten konnte auch goldene Nägel in den hölzernen Roland (jeder Nagel war ein Geldopfer) am Wasserturm. Zeichneten Kriegsanleihen (wurden wertlos), obwohl der Ausgang ungewiss war und die Wahrscheinlichkeit, sein Geld zurückzuerhalten, bestenfalls 50:50 stand. Heute wie damals gab und gibt es viele Menschen, die gegen Konflikte sind und für Frieden, trotzdem spüren einige so etwas wie blinde Pflichterfüllung oder Patriotismus. Ich würde es »Kadavergehorsam« nennen. Es waren natürlich andere Zeiten und in der Rückschau sind Fehler immer einfacher zu diagnostizieren. Ich glaube nicht, dass die Bürger in dieser vergangenen Zeit brutaler oder unmenschlicher waren. Wenn ich alte Schwarzweißfotos aus diesen Tagen im Familienalbum betrachte, dann kommen mir die Personen darauf sehr normal vor. In ihren Augen lese ich die gleichen Sehnsüchte, Hoffnungen und Freuden wie jetzt. Heute ist ein Selfie schnell geschossen. Früher hingegen kostete ein Lichtbild richtig Geld und es war ein Tagwerk, bis alles vollbracht war, inklusive Retuschieren (deshalb sehen die immer so makellos aus). Dafür bekam man aber auch sein Bild, meistens ein Porträt, auf ein tolles Stück Karton bzw. Pappe aufgezogen und manchmal einen Bilderrahmen dazu. Die Qualität der Aufnahmen war oft phänomenal. Es gibt nichts Klareres und Besseres als eine Schwarzweißfotografie. Auch in den alten Briefen, oft mit schwarzer Tinte verfasst, oder der Feldpost lese ich ganz vernünftige Ansichten, die das gezeichnete Bild unterstreichen. Oftmals versuchen die Soldaten, die Gräuel des Kampfes vor ihren Daheimgebliebenen zu verheimlichen. Manchen ist der Ernst der Lage bewusst und sie wünschen sich an einen anderen Ort.

Möglicherweise waren die Menschen damals auch schicksalsergebener. Dieser Fatalismus führte also dazu, dass von allen Mannheimer Kirchen die Glocken eingeschmolzen wurden, nur die Jesuiten- und Christuskirche durften ihre behalten. Was für ein Irrsinn. Eine gottlose Ära? Wohl eher nicht, aber wo war die Kirche? In diesen verrückten Zeiten geschah es auch, dass langjährige, engagierte Bürger von Mannheim wegen ihrer Herkunft, Haltung, Meinung, Volks- oder Glaubenszugehörigkeit deportiert, inhaftiert und grausam getötet wurden. Die Stadt zählte die größte jüdische Gemeinde in Baden. Bis dato war es über Jahrhunderte, eine weltoffene Metropole gewesen. Mit Zyklon B *(Blausäure)* wurden viele von ihnen in großen Räumen, die Waschräumen glichen, vergiftet. Heute werden bei uns so keine Menschen mehr getötet. Zum Glück, ist auch die Todesstrafe weg. Nur die wehrlosen Tiere werden noch mit CO2 Gas in Kammern betäubt, Danach werden sie immer professioneller und industrieller geschlachtet. Ich will hier kurz einwerfen, dass mir ein Menschenleben viel bedeutet, aber ein Lebewesen generell auch. Heutzutage wäre es das Mindeste, was eine aufgeklärte, humane Gesellschaft vollbringen könnte, dass ein angemessener Umgang mit den schwächsten, das wären dann wohl die Tiere (keine Baracken, üble Haltung und Massentötungsmaschinerie) und auch mit den Mitmenschen und der gesamten Menschheitsfamilie stattfindet. Ich denke, wenn es im Kleinen klappt, dann im Großen erst recht, damit meine ich, wenn erstmal die Schlachthöfe verschwinden, dann verschwinden auch die Schlachtfelder. So ähnlich sagte das der berühmte Vegetarier Tolstoi[44].

Ich finde es sehr wichtig, dass die Quadratestadt an ihre verblendete Zeit erinnert. Eines der beeindruckendsten Monumente hierzu ist für mich der Glaswürfel auf den Planken. Hier sind die Namen vieler verschleppter und ermordeter Bürger zu finden. Außerdem wichtig und empfehlenswert sind das Konzentrationslager Westhofen und die Ausstellung über entwendete bzw. unterschlagene Kriegskunst in der Kunsthalle.

Nicht nur bestimmte ethnische Gruppen, sondern eigentlich die Mehrheit der Bürger litten mehr oder weniger in dieser Zeit. Das Leben, wie es die Menschen von Mannheim vorher kannten, hörte mit dem Notstandsgesetz von 1933 auf. Versammlungen, in denen man seine Meinung frei äußern konnte, waren nicht mehr erlaubt und jedermann konnte für seine Haltung bzw. eine freie aufgeklärte Weltsicht im KZ oder mit dem Tode bestraft werden. Hier möchte ich exemplarisch an Alfred Delp, in Mannheim geboren, ein Mitglied des Kreisauer Kreises (unternahmen einen Putschversuch gegen Hitler), zeitlebens Theologe und Lehrer, erinnern.

---

44 Graf Leonid N. Tolstoi (1828 - 1910), russischer Schriftsteller.

Er wurde 1945 durch den Strang hingerichtet. Kurz vorher notierte er in einem Abschiedsbrief:

»Wie lange ich nun hier warte, ob und wann ich getötet werde, weiß ich nicht. Der Weg hierher bis zum Galgen nach Plötzensee ist nur zehn Minuten Fahrt. Man erfährt es erst kurz vorher, dass man heute und zwar gleich dran ist. Nicht traurig sein. Gott hilft mir so wunderbar und spürbar bis jetzt. Ich bin noch gar nicht erschrocken. Das kommt wohl noch. Vielleicht will Gott diesen Wartestand als äußerste Erprobung des Vertrauens. Mir soll es recht sein. Ich will mir Mühe geben, als fruchtbarer Samen in die Scholle zu fallen, für Euch alle und für dieses Land und Volk, dem ich dienen und helfen wollte«.

Oder denken Sie nur an das Programm *Entartete Kunst* (alles, was nicht gefiel, wurde zerstört oder ins Ausland verkauft) oder die Studenten Scholl (ein Geschwisterpaar, das wegen Flugblättern, sie waren gegen den Krieg, sterben musste). Solche Zeiten möchte ich nicht mehr erleben und erinnere hier an das Essay von H.D. Thoreau[45] »Über die Pflicht zum Ungehorsam gegenüber dem Staat«. Es gäbe hier viele Geschichten zu erzählen, viele tragische Einzelschicksale und menschliche Tragödien. Das würde zu weit ausufern und deshalb möchte ich nur noch eine hier rauspicken.

---

45 Henri David Thoreau, 1817 - 1862, Schriftsteller und Philosoph

1925 fand in der Kunsthalle die bereits im Kapitel Agonie genannte Ausstellung »Neue Sachlichkeit« statt. Der damalige Direktor Gustav F. Hartlaub bewies hier großes Gespür und gab einer völlig neuen Malerei und Epoche eine erste große Bühne. Die Ausstellung fand in Mannheim zwar keine ganz große Resonanz, aber sie erhielt in den nationalen Zeitungen großen Anklang und tingelte dann noch durch weitere deutsche Städte. Die Kunsthalle Mannheim prägte hier ein Stück Zeitgeschichte. Der weitere Verlauf ist tragisch, denn der tolle Herr Hartlaub wurde entlassen, weil die Nazis mit dieser Art Malerei nichts anfangen konnten. Danach war die Kultur- und Kunstszene am Ende. Dagegen nimmt sich ein Lockdown, wie Zuckerschlecken aus. *Ein hoch auf unsere gesunde Volksherrschaft!* Zum Glück überlebten viele der Kunstwerke auf spektakuläre und manchmal auch zweifelhafte Weise die Zerstörungen. So ein Wunder wünsche ich auch unseren Künstlerinnen und der Kultur.

HAFEN

Lassen Sie uns nun abschalten, schütteln wir uns kurz, wenden den Blick auf etwas Positiveres und für mich sehr Erstaunliches. Bei den Recherchen zum Buch wurde ich von diesem Kapitel und seiner Bedeutung für die Stadt total überrascht. Der Binnenhafen in der Quadratestadt, ist nach Fläche der *größte* in ganz Deutschland und nach Umschlag über das Wasser der *zweitgrößte* und sogar der *viertgrößte* in Europa. Würde man Ludwigshafen mitzählen, dann verdoppelte sich der wasserseitige Umschlag in etwa und man könnte zum Duisburger Hafen, der Platz eins der Umschlagsmenge (gemessen in TEU[46]) innehat, aufschließen. Liebe Leserin und lieber Leser, da ist Monnem schon wieder ganz vorne dabei. Aufgrund dieser herausragenden Stellung ist er auch einer der größten Arbeitgeber in der Stadt. Etwa 20.000 Menschen arbeiten im und um den Hafen. Nur die Firmen Bilfinger (Bauunternehmung) und Phönix (Pharmahandel) beschäftigen mehr Menschen. Man rechnet damit, dass auf einem Hafenarbeitsplatz bis zu fünf Arbeitsverhältnisse im angrenzenden Hinterland entfallen. Sollte die Stadt dann nicht einfach noch ein paar Hafenmitarbeiter anstellen? Nötig wär's, denn durch Corona ist im Mai die Arbeitslosenquote im Rhein-Neckar-Raum, um 40 Prozent gestiegen, aktuell be-

---

[46] Standard Container.

trägt sie in unserer Stadt fast acht Promille. Der Hafen hat sich mittlerweile sogar zu einer bedeutenden Lebensader gewandelt. Früher waren Hafengebiete eher unwirtliche, unfreundliche und unchristliche Orte. Denken Sie nur an die Beschreibungen im Kapitel »Busch«. Das hat sich neuerdings gewandelt. Die vielen Speichergebäude werden aufgrund Leerstandes, wird ja alles auf der Straße gelagert, in luxuriösen Wohnraum umgewandelt. Durch die »just in time«-Produktion sind große Lagerhallen unnötig geworden. Die heutigen Speicher sind die Lkws, Container, Schiffe, Flugzeuge, Zusteller und die bringen das Zeug direkt in der benötigten Menge und zum gewünschten Termin zum Kunden. Also eigentlich sollte es so laufen. Die Bedeutung dieses riesigen Areals und seiner wirtschaftlichen Kraft sind enorm und trotzdem dürften viele Mannheimer noch nicht mal in der Nähe des Hafens gewesen sein. Wer kennt den ältesten Kran und jetzt Denkmal unterhalb der Kurpfalz Brücke, beim Taubenhaus? Insgesamt soll der Hafen etwa *10 Millionen Quadratmeter* groß sein. Er besteht aus vier Hafengebieten, namentlich dem Handelshafen, Rheinauhafen, Altrheinhafen und Industriehafen. Erste urkundliche Erwähnungen hinsichtlich einer Hafentätigkeit gibt es zum Ende des Mittelalters.

(Neckarkanal, kurz vor der Schleuse, rechts ist die Maulbeerinsel mit Maulbeerbäumen zur Seidenraupen Produktion im 17. Jh.)

Die eigentliche Hafengründung fand 1882 statt und 1992 wurde der Hafen zu seinem 100jährigen Bestehen zum Binnenhafen des Jahres gewählt. Der älteste Hafenteil ist der Mühlauhafen. Er erblickte 1870 das Licht der Welt. In den Wirren des Ersten Weltkrieges ging der Umschlag im Hafen auf 1 Million Tonnen zurück. Heute beträgt er 7 Millionen Tonnen. Der Höchststand wurde 1973 mit *11 Mio. Tonnen* erreicht. Eine Hafenrundfahrt oder ein Spaziergang durch den Hafen sind sehr lohnenswert. Je nachdem plant man dafür am besten ein Wochenende ein. Insgesamt könnten Sie an den Ufern so 55 km zurücklegen. Beenden sollte man seine Tour im Busch, also Jungbusch, denn hier finden sich dann tolle Restaurants oder Bars zur Stärkung. Ein Hafen ist natürlich auch immer ein großes Konglomerat an Industrie und grauem Dunst (damit meine ich das Unaussprechliche, das Versteckte, das Losgelöste). Schiffe verbrennen oft das noch gesundheitsschädliche Schweröl, dagegen sind die Abgase eines »Fake Golf Diesel« wie eine frische Seebrise. Etwa 43.000 Personen sterben jährlich an Feinstaub und Ozon, meinte das Ärzteblatt. Da nimmt es sich komisch aus, dass die Verantwortlichen trotz Betruges nur ganz rudimentär belangt werden und manche nur *mikroskopisch kleinen Täter* für viel mehr Aufsehen sorgen. So sitzen Tausende jährlich wegen Schwarzfahren im Knast. Trotz der ganzen Schwerölabgase, die die Mannheimer Innenstadt teilweise abbekommt, ist der Transport von Waren durch Schiffe unschlagbar in seinen ökologischen Auswirkungen. Ein Binnenschiff kann bis zu *150* Lkw ersetzen und es zerstört doch nicht die Infrastruktur. Ein Lkw belastet dafür Straßen und Bauwerke *160.000* mal stärker als ein Pkw. Schiffe sind oft pünktlicher und hängen nicht im Stau fest.

Ich liebe die Marina und ihren Flair, aber genau das wäre für mich der Grund, nicht in Hafennähe zu wohnen. Die Gesundheit geht dann doch vor. Untersuchungen zeigen, wie schädlich die Luft durch die Schwerölverbrennung wird und wie gefährlich das für die dort lebende Bevölkerung ist. Den wenigsten ist bekannt, dass im Hafen liegende Ozeanriesen rund um die Uhr die Maschinen zur Stromerzeugung laufen lassen müssen. Zum Glück ist auch dieses Thema gerade weltweit in der Diskussion und es gibt schon erste Pötte, die auf Alternativen setzen. Dem Mannheimer *Porto* muss man zu Gute halten, dass er für die Fracht und Personenschiffe nicht verantwortlich ist. Hier ist die Europäische Union gefordert. Die *Marina* der Quadratestadt bemüht sich um Ökologie, denn auf den Dächern und Freiflächen weist sie eine Photovoltaikfläche von über 17.000 m² auf. Auch die Beleuchtung im Hafengebiet wurde angepasst und ist nun wirtschaftlicher. Die Hafenbetriebe können so laut ihrer Angaben durch die Maßnahmen bis zu 85 Prozent ihres Strombedarfs selbst decken. Generell lässt sich auch festhalten, dass Mannheim und seine Entwicklung eng mit den Flüssen Rhein, Neckar und dem Hafen verbunden sind. 1968, ein geiles Jahr (das Woodstock Festival steht in den Startlöchern), wurde in Mannheim das erste *Binnencontainerterminal* in Deutschland, errichtet und so geht es immer weiter. Die Hafenbetriebe sind eine starke technologische Antriebskraft. Für eine Stadt eine große wirtschaftliche Chance und eine multifunktionale Schnittstelle, die sogar nachhaltig sein kann.

LIMES UND KURPFÄLZER

Liebe Leserin und lieber Leser, werfen wir nochmal einen Blick in die Welthistorie. Zu Zeiten des Imperium romanum lag Mannheim im Weströmischen Reich. Grob ausgedrückt lief die große Holzmauer (Limes) quer durch den Odenwald und Mannheim war noch weit davon entfernt Welthauptstadt und *viereckig* zu werden. Die großen und genialen Erfindungen mussten noch eine Weile auf sich warten. Im Bereich von Monnem lebten damals u.a. Germanen (1000 v.Chr.), Alemannen (Gründung Kloster Lorsch durch einen Alemannischen Grafen, als Eigenkloster im 7. Jh.), Kelten (ab 1300 v.Chr.), Merowinger, Karolinger (Bau der Torhalle im 900 Jh.), Neckarsueben (Suebenheim). Sie alle wurden durch die Römer beeinflusst oder wie die Merowinger und Karolinger übernahmen sie im Anschluss Teile des im Niedergang befindlichen Imperiums Rom. Alle großen Weltreiche gingen am Ende ihrer Zeit unter. Als Muster möchte ich hier Angkor Wat, die Mayas, die Inkas, die Nascas, die Ägypter, Alexander den Großen, das Osmanische Reich, das Imperio Espanol (spanisches Kolonialreich), das goldene Zeitalter der Niederlande und Great Britain anführen. Die USA sind das aktuelle Imperium, aber ihr Stern sinkt schnell und das neue ist schon viel größer als das Alte und tatsächlich hat es eine Nation geschafft, nach tausenden von Jahren ein zweites Mal Weltmacht zu werden. Eines haben viele dieser gefallenen Imperien gemein, am Ende stand immer Geldnot, ein wirtschaftlicher Abschwung, Agonie und ein Heißlaufen der Druckerpressen.

Bleiben wir beim Imperium Romanum und seinem Niedergang. Hier entstand dann auch das Frankenreich, als größter Nachfolgestaat, unter Karl dem Großen (768–814). Die römischen Truppen waren ein zusammengewürfelter Haufen aus vielen unterschiedlichen Kulturen. Ein Schmelztiegel und Vielvölkerstaat.

Erste Erwähnung findet Mannheim im *Lorscher Codex* (Manuskript vom berühmten und alles besitzenden Kloster Lorsch, das im UNESCO Dokumentenerbe aufgenommen ist). Was heute Amazon, das war früher im Mittelalter und davor das, mittlerweile Unesco Weltkulturerbe gewordene, *Kloster Lorsch.* Hier heißt es im Jahre 766 erstmals »Mannenheim«, was wohl soviel bedeutet wie *Helm des Manno.* Auch Worms liegt in diesem Delta und war im Mittelalter das Zentrum der Welt. Später hat sich das Ganze dann etwas nach Norden, nämlich nach Mannheim, verschoben. Lacht! Aber es ist schon verwunderlich, dass hier Welthauptstädte so eng beieinander liegen. Nicht vergessen darf man hier auch die von den Saliern geplante Hauptstadt Speyer, die zwar nie vollendet wurde, die aber immerhin als das Jerusalem des Westens gilt (größter erhaltener romanischer Dom der Welt). Worms besitzt übrigens den ältesten Friedhof Europas. Er trägt den Namen Heilger Sand und soll UNESCO Weltkulturerbe werden. So viele bedeutende Mittelpunkte dicht beieinander, das kann doch kein Zufall sein?

Unbedingt ist ein Radausflug über Mannheim durch den Käfertaler Wald nach Lorsch zu empfehlen. Das ist bis heute eine meiner liebsten Touren. An zweiter Stelle steht die Tour nach Worms, danach kommt Heidelberg. Unterwegs machen Sie einen Abstecher zur Walpurga (schöner Bildstock, der die Geschichte einer Rettung erzählt) und später eine kurze Pause beim Jägerhaus (Gedenkstätte Viernheimer Jägerhaus), dem ehemaligen Forst- und Verpflegungshaus seiner königlichen Hoheit, dem Großherzog Ludwig IV von Hessen und Rhein. Wie auch beim Lorscher Kloster steht hier nicht mehr viel. Übrigens könnte Ihre Tour am Karlstern starten. Hier folgen sie einfach dem *blauen Kreis auf weißem Grund.* Sie finden ihn, wenn Sie die Karlstern-Allee Richtung Lampertheim radeln. Am Kloster Lorsch fasziniert mich der alte Torbogen oder, besser ausgedrückt, die karolingische Torhalle. Und bei einem kleinen Rundgang durch das Portal und auf die Wiese sollten Sie unbedingt zur *Purpurbuche* gehen. Das ist meines Wissens die größte und älteste Blutbuche, die ich kenne. Jedes Mal, wenn ich dort bin, umarme ich den schönen Baum, zolle ihm Respekt und hoffe, dass etwas seiner Aura auf mich übergeht. Nur am Rande, die Färbung der Blätter ist auf einen Proteindefekt zurückzuführen. Fast alle Purpurbuchen gehen auf einen einzigen Baum aus dem Jahre 1690 zurück. Die majestätische Blutbuche im ehemaligen Benediktiner Kloster Lorsch habe ich auf etwa 130 Jahre geschätzt (Stammumfang), somit wurde sie ungefähr im Jahre 1890 gepflanzt.

Lassen Sie uns noch einmal auf die römische Zeit blicken. Etwa 400 Jahre dauerte die Besetzung der Kurpfalz (natürlich gab es diesen Begriff, damals noch nicht) durch die Römer. Deutliche, oft nicht direkt sichtbare Spuren haben sie hinterlassen. Ich selbst fand bei einem DNA-Check heraus, dass meine Gene auf einen zentral europäischen Ursprung schließen lassen. Es geht hoch bis nach Skandinavien. Der größte Anteil mit über 30 Prozent ist jedoch, das erstaunte mich, italienischer Abstammung. Das erklärt vielleicht, warum ich den Sommer sehr mag und Italien und insbesondere die Toscana wie eine Wiedergeburt empfinde. Wohlgemerkt, schon davor, denn den Test machte ich erst nach vielen dolce Vita Reisen. Ist das nicht witzig, oder bilde ich mir ein, dass meine überwältigenden Gefühle für Florenz, Elba und die Toscana einfach nur der Einzigartigkeit der Gebäude und Landschaft geschuldet sind? Naja ich nehme es so, wie ich es gerne sehen möchte. Das Leben ist zu einem großen Teil Fiktion.

Tatsächlich wurde Mannheim schon seit Jahrtausenden besiedelt, aber als moderne Stadt, die später Weltruf erlangen wird, fiel ihre offizielle Gründung wohl in das Jahr 1606. Hier legte der damalige schlanke, mit spitzer großer Nase gesegnete, einen Oberlippen Bart tragende und mit einem aufgeweckten Charaktergesicht *beglückte* Kurfürst und Pfalzgraf Friedrich der IV. den Grundstein, indem er die Festung *Friedrichsburg* gründete. Richtig los ging es dann mit dem »Startup Mannheim«, als der wohlbeleibte, eine weiße Lockenperücke tragende Kurfürst Carl Philipp die Staatsführung von Heidelberg nach Mannheim verlegte, weil sich der Wohntrend verändert hatte, er ein neues Schloss wollte und ein riesiges Bauprogramm startete. Ich finde, das reicht erstmal zur Historie. Sehr zu empfehlen sind das REM-Museum und das neue, hier schon oft genannten Marchivum.

Gerne möchte ich mir noch erlauben, Ihnen mein persönliches Highlight zur römischen Zeit vorzustellen. Es ist nichts Spektakuläres, eher profan, doch ich liebe es. In Ladenburg (lat. Lopodunum) ist noch sehr viel Römisches erhalten, hier gibt es eine *Leugensäule* und eine zweite etwas außerhalb, beide datieren von 222 und 224 n.Chr., stehen noch heute wie damals und verkünden ihre Botschaft. Es sind die Ursprünge der modernen Litfaßsäulen, von Plakaten oder in Text gemeißelte SMS oder steinerne digitale Werbetafeln. Oft stoppe ich mein Rad an der älteren der beiden Monumente am Feld, trinke einen Schluck Wasser und berühre auch dieses Stück antiker Zeitgeschichte, um seine Ausstrahlung zu fühlen.

So, liebe Leserin und lieber Leser, eine Sache sollten wir noch klären. Woher kommt der Begriff *Kurpfälzer* und warum nennen sich die Monnemer gerne so? Sie wollen einfach keine Badener sein und die Badener akzeptieren sie auch nicht wirklich. Es ist wie mit Köln und Düsseldorf und der verbotenen Stadt. Ich habe das nie ganz verstanden.

Aber wie war das nochmal mit der Kurpfalz oder auch Kurfürstenhutpfalz genannt, Pfalzgrafschaft, Rheinische Pfalzgrafschaft usw.? Da sollten wir kurz einem anderen Reich unsere Aufmerksamkeit schenken. Nämlich dem Heiligen Römischen Reich. Dieses stark in Kleinstaaterei zerklüftete Gebiet versuchte hinter den Alpen die Tradition des alten römischen Reiches fortzuführen. Das gelang mehr oder weniger gut bis zum Beginn des 18. Jahrhunderts. Ein Teil dieses Reiches war die besagte Kurpfalz mit ihren Hauptstädten Heidelberg und Mannheim. Sommerresidenz war das wunderschöne Schloss in Schwetzingen. Den Schlossgarten, gerade zur Kirschblüte im März, kann man nur wärmstens empfehlen. Es ist ein rosa Traum. Auch sonst ist der *Lustgarten, mit seinen zahlreichen Anlagen und Architekturstaffagen, wie der Toskanischen Villa* oder der Moschee ganz großes Kino. Von Mannheim aus führt ein schöner Radweg dorthin. Je nach Gusto könnten Sie über den *Dossenwald* biken. Das Ende der schönen Kurpfalz kennen wir schon. Wie aber entstand sie? Vor langer Zeit, also damals halt, gingen große Teile von »Baiern« und der Pfalz von den Welfen an die Wittelsbacher. Das war so zum Ende des Mittelalters, genauer im Jahre 1200 n.Chr. Hier bildete sich zu Beginn des 13. Jahrhunderts das Kurfürstentum mit den Städten Heidelberg und Mannheim heraus. Das besondere an der Kurpfalz war ihre Bedeutung und ihre Macht. Ein Kurfürst hatte das Recht, an der Kaiserwahl teilzunehmen. Schlussendlich führte der europäische *Vietnamkrieg*, damit meine ich den Dreißigjährigen Krieg 1618 bis 1648, zur Zerstörung und Entvölkerung nicht nur der großen und bedeutenden Kurpfalz. In beiden Fehden ging es um politische und religiöse Ansichten, sie dauerten etwa drei Jahrzehnte und am Ende gab es nur Verlierer. Der damalige Pfalzgraf oder Kurfürst, der feingliedrige und sehr ehrgeizige Friedrich der V., war kurzzeitig Böhmischer König. Er trägt den Beinamen Winterkönig, wegen seiner sehr kurzen Amtszeit. In seine turbulente und nicht von Erfolg gekrönte Regentschaft fällt der wohl kriegsauslösende zweite Prager Fenstersturz (niemand kam, dank glücklicher Fügungen, groß zu Schaden). Wobei sich Friedrich offen gegen den damaligen Kaiser stellte und in der Schlacht am weißen Berg unterlag. Sein Bestreben, die Kurpfalz als führende protestantische Macht zu etablieren, war damit gescheitert. Für Mannheim hatte das drastische Konsequenzen. Lassen wir es so weit gut sein. Ich wollte nur einen kurzen Einblick in die Prägung der Menschen und die Ansiedlung in unserem Zweistromland geben.

Zum Schluss dieses Kapitels möchte ich noch einen Blick auf den Mannheimer als Person werfen. Ich meine hier nicht den schon immer hier lebenden, sondern die Menschen, die sich hier angesiedelt haben und die von der Stadt geprägt wurden. Meiner Meinung nach ist der Menschenschlag hier offen, frei heraus (das meint, er goscht gerne), fleißig, humorvoll und er weiß zu leben. Andererseits ist der Ur-Mannheimer aber auch grob, hat einen irren Dialekt, ist zu großen Leistungen fähig und nimmt es oft nicht so genau. Warum auch?

(Leugenseule auf einem Feld bei Ladenburg. Steht nun seit fast 2000 Jahren. Eine Tafel erklärt die Inschrift.)

DIE GARTENSTADT

Eine ganz besondere Siedlung und ein Vorzeigeprojekt ist dieser am Rande von Mannheim liegende grünste Stadtteil, liebe Leserin und lieber Leser. Zunächst möchte ich einmal ins Bewusstsein rufen, wie die Menschen zu Zeiten der *Industrialisierung* lebten und welcher Zeitgeist damals herrschte. Vor allem war alles rauer und die Luft durch viele Schornsteine schlecht und krank machend. Damals konnte man den Dreck noch sehen. Für gesunde Arbeits- und Lebensbedingungen brannte noch kein Feuer. Das Leben der meisten Leute war hart und entbehrungsreich. Es gab oft gerade genug zum Überleben. Kinder wuchsen mit Mangelerscheinungen auf und in den Wohnungen gab es weder fließend Wasser noch eine Toilette. Die meisten lebten in Ein- bis Zweizimmerwohnungen. Hier waren sehr oft ganze Familien mit vier bis sechs Kindern untergebracht. Die Bewohner lagen in ihren Zimmern wie bei *Tetris* und manchmal wurden die Betten noch mit fremden Tagelöhnern (Kostschläfern) geteilt. Dank Schichtarbeit schlief dann ein anderer in der übrigen Zeit darin. Sie denken richtig, die Geburtenrate war dadurch hoch. Freie Meinungsäußerungen oder ein Mitbestimmungsrecht an politischen, sozialen oder wirtschaftlichen Entscheidungen gab es nur sehr eingeschränkt. Die Industrialisierung veränderte die Welt und natürlich auch gravierend Mannheim. Vielleicht befinden wir uns gerade wieder am Beginn eines alles verändernden Zyklus, ein neues Maschinenzeitalter mit dem kurzen harmlos klingenden Namen KI[47] ist am anrollen und so manche Branche meint, sie wäre gegen eine Betonwand gefahren. Viele sprechen hier von Disruption (Althergebrachtes verändert sich schlagartig).

(Altes Siedlungshaus Postkartenfoto)

In der Industrialisierung eroberten massenhaft hergestellte Güter und Waren die Märkte. Diese Produkte mussten auch von den »Massen« *konsumiert* werden. Es war der Beginn der *Konsumgesellschaft*. Aber der Start war holprig. Mannheim litt damals an einem starken Zuzug von Menschen

---

47 Künstliche Intelligenz.

aus dem Umland. Sie strömten von landwirtschaftlich geprägten Gegenden in die Städte, weil sie bessere Lebensbedingungen erwarteten. Ganz einfach auch einen höheren Verdienst. Häufig hatten diese ehemaligen Landarbeiter keinen Beruf gelernt und verdienten sich somit als einfache Tagelöhner. Viele dieser Landburschen waren Wanderarbeiter. Sie zogen ständig umher, auch mit Kind und Kegel, die Gründe waren vielfältig. Es mag an der Arbeitsstelle gelegen haben, an Strafen für Fehlverhalten, Entlassungen, Aufmüpfigkeit, Kündigung usw.

Zwei Zahlen verdeutlichen exemplarisch die Explosion der damaligen Städte. Sie wuchsen wie New York total rasant und Mannheim schien für viele wohl besonders anziehend. Der Lebensstandard und die Lebensqualität entwickelten sich aber in diesem Maße nicht mit. Mannheim Neckarau, ein Stadtteil, der zunächst hauptsächlich aus den sog. Neckargärten bestand, hatte 1885 etwa 11.000 Einwohner und 15 Jahre später 20.600 Bürger. Das sind fast 90 Prozent in dieser kurzen Zeit. Anderen Metropolen ging es nicht anders. Diese Massen überforderten die Verantwortlichen und eine Besserung war nicht in Sicht.

Um sich das Ganze noch mehr zu verdeutlichen, lohnt es sich, die Spiegelfabrik auf dem Waldhof, einem der damals ersten und führenden Stadtteile der beginnenden Industrialisierung, anzusehen. Noch heute stehen hier Teile der alten Spiegelsiedlung und sind wichtige Denkmäler. Die Spiegelfabrik war damals ein Universum, eine Welt für sich. Die Leute wohnten in Werkswohnungen und kauften ihre Waren und Nahrung in werkseigenen Geschäften. Alles wurde direkt vom Lohn abgezogen. Es gab eine eigene Ordnungspolizei und eine Gerichtsbarkeit. Der Werkspolizist legte Anzeige bzw. Bericht vor, bei Streitigkeiten oder Verstößen, und der *Firmenpatriarch* sprach das Urteil. Verboten und mit Strafe bedroht war alles, was das Zusammenleben störte oder gegen die Firmenphilosophie war. Festgelegt wurde das durch den »Oligarchen«. Individuelles Leben war so nicht gegeben oder erwünscht. Es gab zumindest eine Zweiklassengesellschaft. Die unten wurden nur als Arbeitskraft erkannt. Viele wollten darum eine Veränderung herbeiführen. Allein schon der Verdacht, mit der *Sozialdemokratie* zu sympathisieren, konnte Arbeitsplatzverlust bedeuten und man wurde auf die Straße gesetzt. Sozialsysteme so wie heute gab es noch nicht. Das einzelne Individuum war der Obrigkeit ausgeliefert. Es galt die Devise *Maul halten* und arbeiten. Dem Firmenchef und seinen Wachleuten war es erlaubt, jederzeit in jede Wohnung zu gehen und dort nach dem Rechten zu sehen. War die gute Stube dreckig oder unordentlich, konnte das eine Geldstrafe nach sich ziehen. Es ist klar, dass viele mit der Faust in der Tasche in die Fabrik gingen. Heute habe ich manchmal das Gefühl, dass diese »geballten Finger« zurückgekommen sind. Die Gretchenfrage[48] könnte heute folgendermaßen lau-

---

[48] Aus Goethes Faust. Woran glaubt einer eigentlich?

ten: »Zählt das Wahre, das Gute und das Schöne oder der gottlose Konsum und Zivilgehorsam?«

Irgendwann gab es zum Glück aller auch andere Tendenzen. Stadtplaner erkannten, dass die Menschen in unwürdigen und krankmachenden Umständen hausten. Zuerst wurde das wohl in England, der Mutter der Industrialisierung, erkannt. Deshalb entstand hier auch Anfang des 19. Jahrhunderts die »Gardencity-Bewegung«, eine Reaktion auf die miserablen Wohnverhältnisse. Es wurden am Rande der Städte günstige Grundstücke gekauft und dort einfache Häuser mit einem Nutzgarten errichtet. Die Arbeiter und Bewohner hatten dadurch die Möglichkeit der Selbstversorgung mit gesundem Obst und Gemüse. Manche hielten sich noch Hasen und Ziegen. Die Luft war sauber und die Hektik der Arbeitswelt weit weg. In der Quadratestadt wurde die Gartenstadt auf dem Waldhof, dem Herz der Industrialisierung, errichtet. Am Rande des Stadtteils, weg von den Fabriken. Dazu wurde ein Stück Wald gerodet und neue Straßen angelegt. Geplant hat das Ganze der Architekt Arno Anke[49] und sein Architektenkumpel Herman Esch. Am schönen Freyaplatz hängt hierüber eine Erinnerungstafel. Herr Anke war wohl so begeistert von seiner Garden City, dass er sich dort selbst ein eigenes Haus errichtete. Ich hatte das große Glück, dieses Haus für mehrere Jahre bewohnen zu dürfen.

---

[49] Arno Anke, 1879 - 1968, Architekt.

Es war ein tolles Architektenhaus mit einem prima Wohnklima. Zu finden ist das Anwesen in der Straße »Unter den Birken«. Seien Sie nicht verwundert, wenn sie das *geile* Architektenhaus dort zweimal vorfinden. Es gefiel einem Bekannten von Anke so gut, dass sich dieser das gleiche wünschte. Schauen Sie mal nach, die Gartenstadt ist immer einen kurzen Besuch wert. Sie können es aufgrund dieser Kuriosität nicht verfehlen. Überhaupt finde ich, dass die Gartenstadt einer der *wohnenswertesten* Stadtteile ist. Niedrige Bebauung, keine Industrie und den großen schönen erholenden Stadtwald, im Norden angrenzend.

Das super Projekt Garden City konnte aufgrund der Wirren des Ersten Weltkrieges nicht fertiggestellt werden. Es ist in etwa zur Hälfte beendet und steht komplett unter Denkmalschutz. Unbedingt sehenswert sind der Ost- und Westring, flächige Backsteingebäude in einer runden Reihe und der luftige Marktplatz. Sie werden sofort den englischen Stil, der georgianischen Architektur erkennen. Zudem möchte ich die ebenfalls sehenswerte zweite »Gardentown«-Siedlung im Süden nicht unerwähnt lassen. Es ist der wunderschöne Almenhof. Auch Mannheims Schwesterstadt Ludwigshafen besitzt eine Gartenstadt.

Liebe Leserin und lieber Leser, so langsam kommen wir zum Ende. Über Mannheim und die Kurpfalz gäbe es noch so vieles zu erzählen. Was fehlt wohl noch? Ich finde, das Wappen von Mannheim verdient auch kurz unsere Aufmerksamkeit.

STADTWAPPEN

Wer kennt es nicht? Aber haben Sie sich schon mal gefragt, wo das schönste Stadtwappen angebracht ist? Es gibt eine Stelle, da hängt für mich das ansprechendste Wahrzeichen unserer Stadt. Es würde mich interessieren, liebe Leserin und lieber Leser, wo für Sie das attraktivste Hoheitszeichen unserer Gemeinde zu sehen ist. Womöglich in einem Buch, einem Gemälde, einem Gebäude oder auf einer alten Karte?

Stellen wir die Antwort hinten an und lassen Sie uns nur kurz das Emblem von Monnem analysieren. Was ist also damit gemeint? Es handelt sich um ein Schild, das in der Mitte geteilt ist. Verantwortlich für das Schild zeichnet der 1896 amtierende Stadtrat (mit leichtem Druck aus Baden sollte das bisherige Wappen verändert werden). Auf der linken Seite ist in Gold und rot eine »Wolfsangel« abgebildet. Angeblich soll es hier einen Grenzstein geben, der seit dem 17. Jahrhundert die Angel zeigt. Die Wolfsangel an und für sich war ein martialisches Jagdgerät, mit dem früher Wölfe gefangen wurden. Der Grund dürfte nicht im Wolf als Nahrungsquelle, sondern als Nahrungskonkurrent zu sehen sein. Möglicherweise spielte auch Aberglaube eine Rolle. Das mit Haken versehene Eisen wurde z.B. mit einer Kette in einen Baum gehängt. An das eine Ende kam ein Stück Aß. Der Wolf musste hochspringen, um es zu bekommen. Hierbei biss er sich in den Wiederhaken fest und verendete so jämmerlich baumelnd. Dass man diese Wolfsangel auf einem Grenzstein zeigte, ist für die damalige Zeit normal. Grenzsteine zeigen Gebiete (Besitz und Herrschaft) an und man bediente sich damals gerne tatsächlicher Gegebenheiten. Es ist also davon auszugehen, dass hier die Wölfe im 17. Jahrhundert noch bejagt wurden. Das Wolfszeichen oder die Wolfsangel findet sich überhaupt in vielen Wappen und auf vielen Grenzzeichen. Die Ausformung ist mal spitzer und mal kantiger. Solche Zeichen (Wolfsangel, Hufeisen, Geweihe usw.) als Anzeige von Gemeinden und Grenzen bezeichnet man generell auch als *Fleckenzeichen.* Ganz wörtlich könnte man damit zum Ausdruck bringen, dieser Flecken heißt Wolfsangel, weil hier die Wölfe gejagt wurden und lebten. Gerne wurde auch ein stilisiertes Hirschgeweih oder die Werkzeuge von Handwerkern, zum Beispiel ein Hufeisen, verwendet. Jahreszahlen bezeichneten normalerweise den Zeitpunkt der Setzung des Brockens. Striche oben auf einem Grenzstein markieren die genaue Grenze. Früher wurde das auch kontrolliert, denn es gab noch kein *Google Maps*. Der Teil des Grenzsteines, der im Boden ist, ist für gewöhnlich unbehauen.

Auf der rechten Seite unseres Wappenschildes ziert ein goldener aufrecht stehender Löwe mit doppeltem Schweif bzw. Schwanz das Wappen. Das Raubtier trägt eine rote Krone. Es zeigt an allen vier Pfoten vier rote Krallen und streckt seine rote Zunge heraus. Üblicherweise haben Löwen vorne fünf und hinten vier ausfahrbare Krallen. Ebenso außergewöhnlich ist die Tatsache, dass die Stadtfarben, also blau, rot und weiß, nicht auf dem Stadtwappen zu finden sind. Diesen Umstand konnte ich nicht genau klären. Mit der französischen Revolution soll es aber nichts zu tun haben. Die war erst später, so ab 1789. Vielleicht wurden Danton und Robespierre von Mannheim inspiriert. In älteren Zeiten finden sich angeblich auf mehreren Siegelschnüren aus dem 16. Jahrhundert die Stadtfarben rot, weiß, blau und die Stadtknechte trugen 1667 Uniformen in denselben Farben. Beim Raubtier handelt es sich um den Kurpfälzischen Löwen, der Fürsten aus der Pfalz. Laut Heraldik entstammt der Wüstenkönig dem Wappen der Wittelsbacher, die Jahrhundertelang das Heidelberger Schloss als Stammsitz hatten.

(Über der B37 an einer Brücke angebrachter Schriftzug.)

So, liebe Leserin und lieber Leser, belassen wir es dabei. Gerne können Sie die Wappenkunde des Stadtwappens weiter erforschen (der Stadtteil Käfertal besitzt auch ein eigenes und sehr interessante Motiv). Dazu habe ich Ihnen am Ende des Buches in dem Kapitel weiterführende Links interessante Quellen angeführt. Jetzt bin ich Ihnen noch die Antwort auf meine Frage zu Beginn des Kapitels schuldig. Für mich befindet sich das schönste Wappen meiner Heimatstadt Mannheim an einer Brücke. Wenn Sie die *Wilhem-Varnholt-Allee (B37)* nach Mannheim reinkommen, also da, wo dann auch das Planetarium ist, auf der Höhe des Technoseums (tolles Familienmuseum mit vielen Mitmach-Stationen), da geht es unter einer Brücke durch und dort hängt am Mittelpfeiler das *geilste Stadtwappen mit dem großen leuchtenden Schriftzug Mannheim.*

ANEKDOTEN, LOKALKOLORIT UND DER LETZTE DRECK

Wir sind nun fast am Ziel angelangt und wie so soft im Leben gäbe es noch manches zu berichten. Ich will zum Schluss, liebe Leserin und lieber Leser, noch einiges zusammentragen, was wichtig, kurios, erwähnenswert oder einfach nur interessant und informativ ist, aber irgendwie kein eigenes Kapitel im Buch gefunden hat. Aktuell residiere ich in den Kurpfalzstuben (es gibt noch ein paar kleinere Korrekturen und etwas Recherche zu erledigen), als nur einer von zwei Gästen. Die Lage vieler Gewerbetreibender ist katastrophal und existenzbedrohend, so sind ihre Schilderungen. Diese Leute haben meinen größten Respekt und ich hoffe, es wird bald wieder normal weitergehen, wobei ich mir oft anhören durfte, dass die Hoffnung und der Glaube, dass 2021 besser wird, nicht gerade groß sind. Vertrauen wir in unsere Politik, ein Minister erhält jeden Monat ca. 20.000 Euro und dafür *weiß er mit Sicherheit, was er tut?*

Viele Terroristen benutzen heute einen Sprengstoff aus Düngemitteln und richten damit fürchterliches und sinnloses Leid an. Gerade ist in Beirut im Hafen gelagerter Dünger explodiert. Die größte mir bekannte Explosion in dieser Hinsicht fand aber 1921 bei der BASF statt. Hier gingen einige hundert Tonnen einer Ammoniumverbindung in die Luft.

Der entstandene Krater war über hundert Meter im Durchmesser. Die Folgen der Detonation sollen noch im entfernten München spürbar gewesen sein. Die ganze Welt berichtete damals über diesen schlimmsten Chemieunfall. Bei der Explosion starben in Mannheim und seiner Schwesterstadt etwa 600 Menschen und rund 2000 wurden verletzt.

Wussten Sie, dass die Ebert-Brücke bei ihrer Einweihung 1926 wenig beliebt war, denn sie war sehr weit weg, dachten einige und meinten deshalb, dass dort eh niemand rübergeht. Was wären wir heute froh um noch so eine Gelegenheit, am besten auch über den Rhein. Gerade ist noch die 1953 erbaute BBC Brücke nicht mehr voll tragfähig. Der Schwerlastverkehr ab einem bestimmten Gewicht darf nicht mehr drüber. Ähnlich ergeht es der ebenfalls statisch irreparablen südlichen Hochstraße, welche zur Konrad-Adenauer-Brücke führt, die 1957/58 gebaut wurde. Die Kurt-Schumacher–Brücke, die die nördliche Hochstraße bedient, ist zum Vergleich noch recht jung und wurde 1972 errichtet und ist trotzdem auch marode. In einem Artikel, den ich im Anhang einfüge, wird das ganze Drama für die Anwohner und Pendler deutlich. Eine Lösung die nächsten Jahrzehnte ist nicht in Sicht.

Oder war Ihnen bekannt, dass die Bürger in Mannheim, während der galoppierenden Inflation zu Zeiten der Weimarer Republik, nachdem sie ihre Lohntüte (Gehalt wurde früher in bar ausbezahlt, manchmal sogar wöchentlich), direkt zum Bäcker oder Metzger gerannt sind, weil es vorkam, dass die Preise so stark stiegen, dass man für seinen Arbeitslohn nichts mehr bekam, wenn man sich nicht beeilte. Ein Ei kostete damals zu Hochzeiten der Inflation etwa 100 Mark und ein Brot mehrere Millionen bis Milliarden. Der Schwarzmarkt blühte. Beliebte Tauschmittel Tabak und Alkohol, aber auch mal eine geräucherte Salami. Das Geld wurde schneller wertlos (Inflationsrate von bis zu 30.000%), als es die Bürger ausgeben konnten. Geldscheine wurden deshalb nur auf einer Seite bedruckt. Die EZB wünscht sich etwas mehr Inflation, tut eigentlich alles dafür, aber die Preise verändern sich kaum. Und dann gab es auch noch wenig zu kaufen. Manches wurde zurückgehalten und auf dem Schwarzmarkt verhökert. Wer wollte schon das wertlose Papier? Vieles war rationiert und man brauchte Marken für Lebensmittel, wie auch für Eisen usw. Unvorstellbare Zeiten sind das für mich.

Heute leben wir stattdessen im Überfluss. Die Lebensmittel vergammeln in den Supermarktregalen, obwohl viele auf der Welt nicht das Nötigste besitzen und ein Leben ohne Würde führen müssen. Hier bei uns schmeißt der Bäcker jeden Abend die Reste der Auslage weg, manches landet gottlob auch bei den Tafeln und Fleischprodukte überschreiten das MHD und fliegen ebenso in die Tonne. Die Philosophin (das hörte sie nicht gerne), »Querdenkerin«, politische Theoretikerin und Publizistin Hannah Arendt meinte hierzu einmal in anderer Sache: *»Dies hätte nie geschehen dürfen. Und damit meine ich nicht die Zahl der Opfer. Ich meine die Fabrikation der Leichen und so weiter – ich brauche mich darauf ja nicht weiter einzulas-*

sen. Dieses hätte nicht geschehen dürfen. ***Da ist irgendetwas passiert, womit wir alle nicht fertig werden.****«* Und ich will noch anfügen, bis heute und es sieht nicht gut aus. Worin besteht der Unterschied zwischen einer modernen Bombe mit großer Zerstörungskraft, systematischer Kriegsführung, der fließbandähnlichen Tötung von Lebewesen und der Zerstörung der Natur oder der Ressourcen Verschwendung jedes einzelnen, mich wie immer eingeschlossen?

Mannheim war schon von je her eine Arbeiter- und Industriestadt, das machte sie auch zu einem beliebten Ziel der Bomber im Zweiten Weltkrieg. Die Stadt wehrte sich trotz der massiven Zerstörungen im März 1945 wie »blöd«. Sie lag damals unter massivem Artilleriebeschuss. Ständig gab es neues unnötiges Blutvergießen, obwohl nichts mehr zu retten war und der Ausgang der Schlacht ohnehin schon feststand. Zum Glück für alle Mannheimer kam man noch rechtzeitig vor dem Einrollen einer amerikanischen Panzerbrigade zur Einsicht. Das Kanonenfeuer wäre einem Häuserkampf gewichen. Aber durch eine noch bestehende Telefonverbindung (Wasserwerk Käfertal nach Mannheim Downtown) verhandelten die Alliierten unter Major Don S. Mathews über die Telefonistin Gretje Ahlrichs (nach ihr wurde eine Schule benannt und sie wurde vielfach geehrt) mit dem Verhandlungsführer der Stadt Mannheim, dem Leiter des Elektrizitätswerkes, Herrn Paulus Quintus. Auch witzig ist, dass auf Seiten der USA ein Bataillonsarzt mit deutschen Wurzeln war, namentlich der Franz S. Steinitz, der

Deutsch sprach und so für alle Parteien übersetzte. Was wäre noch alles zerstört worden und wie viele Schicksale sind uns so erspart geblieben? Meiner Meinung nach wäre es überhaupt am besten, generell niemanden zu bombardieren. Wir sind eine Menschheitsfamilie und sollten Frieden halten. Übrigens war das in der Geschichte angeblich die erste Kapitulation einer Stadt per Telefon. Wieder eine einzigartige viele unschuldige Leben rettende Erfindung, diesmal aus der Not heraus.

Bleiben wir nochmal bei ein paar Superlativen. Vielleicht sind Sie am Ende des Buches noch nicht ganz überzeugt, liebe Leserin und lieber Leser, dass Monnem die Welthauptstadt ist. Aber es ist schon ein Pfund, dass so viel Bahnbrechendes hier erfunden wurde. Dinge, die die Welt und das Zusammenleben in ihren Grundfesten veränderten. Ich weiß nicht, wie Sie der Stadt verbunden sind, zugezogen oder hier geboren? Das spielt auch keine Rolle. Jeder wird hier mit offenen Armen empfangen. Früher hätte man Sie noch zum Mond schießen können, denn das erste Raketenflugzeug der Welt wurde hier von dem Mannheimer Julius Hatry[50] in den zwanziger Jahren entwickelt. Es hieß schlicht und einfach RAK-1 und erinnert irgendwie an die Bezeichnung der Quadrate. Geflogen wurde das Teil von einem gewissen Fritz v. Opel. Sie ahnen, einem

---

[50] Julius Hatry, 1906 - 2001, Flugzeug- und Raketeningenieur.

der Sprösslinge der Opel Dynastie, die als Logo ihrer Fahrzeuge einen Blitz verwenden.

Außerdem wurde hier noch der erste elektrische Aufzug erfunden, ohne den der Bau von Wolkenkratzern nicht möglich gewesen wäre oder wollten Sie jeden Tag tausende Stufen hoch und runter laufen? Diese Erfindung machte New Yorks Aufstieg durch die *Skyscraper* erst möglich.

Jetzt kommt aber, finde ich, eine wirklich spezielle Erfindung, die so einzigartig wie genial ist und das ganze Potenzial dieser Stadt zeigt. Das Elektroauto ist keine Erfindung der Neuzeit und schon gar nicht von den bekannten Elektropionieren unserer Gegenwart, sondern es wurde durch Andreas Flocken 1888 erfunden. Nach Laufrad, Auto und Bulldog, das nächste *big thing*. Herr Flocke arbeitete bei Lanz in Mannheim. Das war nur drei Jahre, nachdem Benz seinen Benzin-Motorwagen Nr. 1 vorstellte. Warum hat sich die Welt damals für benzinbetriebene Motoren entschieden? Wie heute auch bleiben technische Errungenschaften umstritten.

Nicht alles, was gut ist, setzt sich durch.
Dadurch ist nicht alles, was sich durchsetzt, durchdacht.
Manchmal wird es wohl einfach so gemacht.

Manchmal dauert es Jahrhunderte,
bis sich eine Sache macht.
So kommt manches einfach durcheinander,
und findet erst nach vielen Jahren zueinander.

Es gibt keine vernünftigen Erklärungen, warum sich damals das Elektrische nicht durchsetzte, obwohl der Motor stank, knallte und laut war. Das Erdöl war gerade entdeckt und die Förderung steckte noch in den Kinderschuhen. Es fehlte dem schwarzen Gold der Durchbruch und durch Erfinder wie Edison und Tesla (Glühbirne, Strom für alle Haushalte und Kraftwerke) gab es einen regelrecht erbittert geführten Wettlauf um die Energiequelle der Zukunft. Auch über eine zentrale oder dezentrale Produktion stritten die Gelehrten damals. Zentrale Kraftwerke setzten sich durch. Jetzt geht es dank Photovoltaik und anderer erneuerbarer Energien wieder andersrum. Die Welt entschied sich damals, wie wir wissen, gegen das Elektromobil und für den benzingetriebenen Motorwagen. Auch damals spielten Faktoren wie Reichweite, Verfügbarkeit von Strom bzw. Benzin eine entscheidende Rolle. Vielleicht war das Öl sehr günstig und seine Verfügbarkeit auf wenige Länder begrenzt. Wahrscheinlich hatte es auch die bessere Lobby. Aber ist es nicht krass, dass das E-Auto in unseren Tagen wieder an Bedeutung gewinnt und als ein Hoffnungsträger gilt? Und nun wissen Sie, dass auch diese bahnbrechende Erfindung in Mannheim ihren Ursprung nahm.

Haben Sie schon jemals gehört, dass die Quadratestadt im 17. Jahrhundert ein Wasserproblem hatte? Es scheint unglaublich, denn wir sind doch von zwei Süßwasserflüssen umgeben. Trotzdem waren Mannheims Brunnen viele Jahre trocken und das

Trinkwasser hatte eine sehr schlechte Qualität. Abhilfe sollte eine Leitung, die man aus dem Odenwald herführen wollte, bringen. Verantwortlicher war Johann Andreas von Traitteur. Das stockte aber viele Jahre (Planungsschwierigkeiten) und Touristen wie auch die Bürger machten sich über die schönen, aber wasserlosen Brunnen der Stadt lustig. Irgendwann stieß man dann zum Glück im Bereich des Käfertaler Waldes auf gutes Trinkwasser. Nun war Käfertal aber eigenständig und es entbrannte ein Eingliederungskrimi.

Die BASF, auch Badische Anilin- und Sodafabrik genannt, die nach Umsatz größte Chemiefabrik der Welt und der größte chemische Fabrikstandort, wurde, wie sollte es anders sein, in Mannheim gegründet. Schon kurz nach ihrer Gründung im Jahre 1856 durch F. Engelhorn[51] zog die neue Firma über den Rhein, da dort mehr Platz war und es hier ein Förderprogramm zur Ansiedlung von Industrie gab. Zunächst bestand die Geschäftsidee der BASF darin, aus Teer, einem Abfallprodukt bei der Leuchtgasherstellung (wurde für Straßenlaternen genutzt), Anilinfarben zu fertigen. Heute sind die vielfältigen Erfindungen der BASF aus der Weltgeschichte nicht mehr wegzudenken. Ich darf hier an eines meiner Lieblingsprodukte, die gute alte Musikkassette, erinnern. Was haben wir nicht alles damit aufgenommen und wenn sie kaputt war

---

[51] Friedrich Engelhorn (1821-1902), Unternehmer.

(meistens durch Bandsalat), dann wurde das ganze Magnetband zur Freude und Unterhaltung abgerollt.

Gerade die Tage begleitete ich einen guten Freund, ich nenne ihn Hans (manche von Ihnen kennen Hans eventuell aus meinen anderen Büchern), zum Shoppen in das mondäne Engelhorn-Kaufhaus. Ich selbst war schon gefühlt Jahrzehnte nicht mehr darin gewesen. Von der Innenarchitektur war ich total begeistert. Ein wirklich stylischer Shopping Tempel. Das Angebot in der Herrenabteilung erschlug mich schon nach kurzer Zeit. Hans fand ich auch nicht mehr, also suchte ich mir einen schönen Platz in der Nähe der Kassen, denn ich war mir sicher, hier würde er mir wieder erscheinen, der Hansi. Durch dieses Nadelöhr muss er durch. Wie ich so da sitze und mich wegen der bequemen Sessel freue und die Leute beobachte, überkommt mich ein Gedanke. Ich sah die Preisspannen von gering bis hin zu vierstelligen Eurobeträgen. Und mir kam dieser Fakt ins Bewusstsein, dass im Sekundentakt Kinder auf der Welt beispielsweise an Hunger sterben und hier gerade Menschen keinen Gedanken daran verschwenden und sich die nächste Designerjacke oder das x-te T-Shirt kaufen. Dabei sind unsere Ressourcen endlich wie das Leben. Nach meinem Dafürhalten ist Rohstoffminimalismus angebracht. Niemand sollte mehr verbrauchen, als er tatsächlich benötigt. Eine kleine Wohnung und so wenig Konsum wie nötig. Glück findet sich auch so, bzw. so nicht unbedingt. Was könnte erreicht werden, wenn jeder nur einen winzigen

Bruchteil seines Shopping Moneys spendet? Wollen wir das bitte kurz vertiefen! Eine einfache Rechnung, wir sind etwa 320.000 Einwohner hier in der geilen Quadratestadt. Jeder gibt pro Monat 5 Euro, das sind im Jahr:

19.200.000, in Worten 18 Millionen Euro

(12 Monate a´ 5 Euro = 60 im Jahr und dann mit 320tsd. Bürgern multipliziert)

Eine Zahl, eventuell für manche von ihnen groß oder für andere klein, aber in ihren absoluten Ziffern bedeutungslos. Wir können dieser Zahl mit den vielen Nullen aber Leben einhauchen, liebe Leserin und lieber Leser. Teilen wir doch diese Summe einfach mal durch 10 Euro. Das wäre ein Betrag laut Unicef, mit dem Kinder schon Zugang zu sauberem Wasser, Nahrung, Bildung und medizinische Hilfe bekämen.

Wir kämen dann auf 1.920.000 Euro oder 1,92 Mio. Kindern, denen nur alleine die Monnemer helfen könnten. 2016 starben etwa 5 Millionen Kinder weltweit.

Es würde also nur ein paar Städte wie Mannheim brauchen und allen hungernden Kindern auf der Welt wäre geholfen. Ich finde das erstaunlich. Es sollte eine Spendensteuer eingeführt werden, dann wäre alles gut. Mit Sicherheit sind meine Ausführungen etwas blauäugig und auch theoretischer Natur. Erstmal war ich dann traurig und musste etwas spenden. Ich habe so eine Vision, dass die Menschen das nicht mit Absicht tun, sondern dass sie einfach abgelenkt sind. Das hatten wir hier schon im Tal der flachen Dächer dargelegt.

Und noch ein historisches Ereignis, das gerade gut in die heutige Epoche mit ihren vielen Widersprüchen und ihrer Heuchelei passt. Es scheint Entwicklungsphasen zu geben, die wiederkehren. Vor, während und ganz besondere nach dem Zweiten Weltkrieg war einiges los auf der politischen Bühne. Die heute etablierten Parteien wurden rigoros bekämpft oder lieferten sich erstaunliche Grabenkämpfe und in unseren noch düstereren Zeiten bezahlten viele ihr Engagement für ein soziales und freieres Dasein mit dem Tod. An den Fall Lübcke[52], der brandaktuell ist, will ich hier mahnend erinnern. Wer kann heute noch irgendwie fassen, dass Studenten für das Verteilen von harmlosen Flugblättern mit dem Tode bestraft wurden. Die jungen Leute schlossen sich damals zu einer Gruppe zusammen, die sich »Weiße Rose« nannte. Heute habe ich das Gefühl, dass entgegen meiner Kindheit die Zeiten wieder unübersichtlich und schrill werden. Es kommt zu Meinungsverengungen und Ideologisierungen. Natürlich sind wir noch hunderte von Meilen von den damaligen Zuständen entfernt. Eine Sache, die ich aus dem Geschichtsunterricht mitgenommen habe, ist die, dass Adolf Hitler und seine Nationalsozialistische Partei ohne »Mehrheit« an die Macht gekommen sind. Nicht das Volk hat diesen Mann zum Kanzler gewählt, sondern das Parlament. Leider ist es ihm gefolgt. Er wurde wie

---

[52] Walter Lübcke (1953 - 2019), CDU Politiker, der einem Attentat zum Oper viel.

viele in dieser turbulenten Phase, in der es politisch keine klaren Verhältnisse gab, zum Reichskanzler wider Willen der meisten Beteiligten gewählt. Das Potenzial, das dieser Mann und seine Bewegung danach entfaltete, überrannte viele, die ihm im Reichstag ihre Stimme gaben. Wir greifen exemplarisch eine Gruppe heraus und zwar die SPD. Die einzigen, die gegen Hitler und seine Partei bis zum Schluss kämpften bzw. kämpfen konnten. Denken Sie an die unglaubliche Rede des Tapezierers Otto Wels (SPD-Vorsitzender, Abgeordneter im Kaiserreich, Abgeordneter Weimarer Republik usw.) gegen das Ermächtigungsgesetz. Keiner hat damals die Folgen der Wahl Hitlers zum Reichskanzler erkannt. Auch nicht die fatalen Auswirkungen eines das Parlament ausschaltenden Gesetzes. Niemand wusste, dass dadurch die zarten demokratischen Bestrebungen in Deutschland ein jähes Ende nehmen würden und dass sich das Land weit hinter die Freiheit in der Kaiserzeit bewegen würde. Deutschland tat dies nicht schleichend oder langsam, sondern dieser Wandel vollzog sich für mich wie eine Fahrt auf der neuen »Reichsautobahn«. Innerhalb weniger Tage war die Diktatur errichtet und Deutschland überzog die Welt mit jahrelangem Terror.

Sehr, sehr tragisch an diesen Ereignissen ist, dass die meisten Volksvertreter im März 1933 für das Ermächtigungsgesetz stimmten. Mir ist in Erinnerung geblieben, wie viele in Adolf Hitler nur einen Erfüllungsgehilfen, einen Zauberlehrling gesehen haben und ihn und seine braune Truppe belächelten. Er hat es ihnen allen gezeigt, leider in einem eher negativen Sinne. Wussten Sie, dass die SPD, die damals so heroisch handelte (viele bezahlten das Nein mit dem Leben) so um 1918 - 1920 Probleme hatte, ihre Mitglieder beerdigt zu bekommen. Pfarrer lehnten es ab, SPD-Parteimitglieder zu beerdigen. Liebe Leserin und lieber Leser, hier ein Zitat.

»Er war eben Sozi, wie ihn die Kollegen nannten. Mit Haut und Haaren ein Sozialdemokrat. Ein stolzer, großer Mann ... Dann, an dem Tag, als er beerdigt wurde, wusste ich, was für eine Gesinnung er getragen hatte. Da war eine rote Fahne über dem Sarg ausgebreitet. Der Pfarrer aus Neckarau kam mit der Kutsche zur Beerdigung gefahren. Als er in die Stube kam, wo der Sarg aufgebahrt war und die rote Fahne sah, kehrte er auf dem Absatz um und ging weg. Er hat den Vater nicht beerdigt.« (L. Steinbach, Erinnerungen aus einem halben Jahrhundert, S. 164)

Kaum zu glauben, dass die SPD zu ihrer Gründungszeit so die Menschen spaltete und viele sie am liebsten verboten hätten. Das Tragen von roten Fähnchen konnte weitreichende Konsequenzen nach sich ziehen. Arbeitsplatzverlust war noch das harmloseste. Über den Tod hinaus ging da wohl manchmal die Ablehnung. Statistiken hierzu oder empirische Erhebungen gibt es nicht, zumindest sind sie mir nicht bekannt. Eine der wenigen wissenschaftlichen Sozialstudien (das Untersuchungsfeld wurde damals gerade erfunden oder steckte noch in den Kinderschuhen) liefert Krakauer[53] mit seiner Studie »Die Angestellten«.

Meinem Dafürhalten nach kann man an den damaligen Ereignissen sehen, dass eine parlamentarische Demokratie plötzlich innerhalb von Tagen verschwindet, nur weil eine oder zwei unglückliche Entscheidungen getroffen wurden. Nun haben wir heutzutage andere Zeiten, sagen Sie, und die Menschen sind aufgeklärter. Das stimmt wohl. Trotzdem empfinde ich die Einschränkung der *Grundrechte* als ein Spiel mit dem Feuer. Es geht so schnell und alles, was Generationen aufgebaut haben, ist weg. Für mich als ehemaligem Staatsdiener und Wahrer der freien demokratischen Grundordnung ist es wichtig, dass die Menschen und Bürger im Dialog bleiben. Das setzt voraus, auch andere Meinungen anzuhören und, solange sie den Rahmen der f.d.G.O. einhalten, zu tolerieren. Die Toleranz hat meinem Dafürhalten nach etwas abgenommen. Was man überhaupt nicht tun sollte, ist große Teile der Bevölkerung nicht ernst zu nehmen, sie zu beleidigen oder abzuwerten, das führt nur zu Spaltungen und das kann in einer Katastrophe enden. Zu leicht lassen wir uns manchmal beeinflussen und lenken. In der Weimarer Republik war die Gesellschaft sehr zerklüftet, es gab unterschiedlichste politische Strömungen und aufgrund des ganzen Wirbels sahen die meisten den wahren

---

53 Siegfried Krakauer (1889 - 1966), Soziologe, Journalist, Philosoph.

Feind nicht und wurden wie die Lämmer zur Schlachtbank geführt. Wie bei einer Partnerschaft oder Beziehung, Akzeptanz und unterschiedliche Standpunkte gelten lassen ist nicht leicht, aber für das Führen einer guten Demokratie unerlässlich. Heute leben über 40 Prozent der Haushalte allein, also mit nur einer Person. Die Leute kommen nicht mehr klar miteinander vielleicht aus Gründen der Toleranz und man genügt sich nicht mehr. Zum Teil sind das hier nur Vermutungen und wenig wissenschaftliche Thesen von mir. Aber die Statistiken sprechen Bände.

Jetzt kommt noch was unglaubliches. Den eisernen Roland hatten wir schon im Kapitel »Hartes Erbe« kennengelernt. Aber es gab noch Einfallsreiches. Zum Beispiel durften Frauen ihre Haare spenden, daraus wurde dann u.a. Treibriemen und Dichtmaterial hergestellt.

Einer der ältesten Stadtteile Mannheims ist Käfertal (früher Cheverndal). Der Name könnte sich von Kiefern ableiten. Ab und zu tauchte er hier schon auf, liebe Leserin und lieber Leser. Käfertal war sehr arm, bis ein gewisser Johann Baptist Le Maitre[54] hier strandete. Er reformierte zusammen mit dem Schultheiß (so was wie ein Dorfvorsteher, früher, verlängerter Arm des Kurfürsten) Martin Dick (ein sehr dickköpfiger Mann) die pfälzische Landwirtschaft. Le Maitre verließ wegen Calvin Genf und

---

54 Johann Baptiste Lemaitre 1731 - 1796

soll 40.000 Schweizer Goldfranken mit sich geführt haben. Le Maitre führte etwa ein, dass der Mist gesammelt wird und auf die Felder kommt. Er hatte einen neuen nach chinesischem Vorbild gefertigten Pflug dabei und wusste überhaupt, wie man aus kargem sandigem käfertaler Boden wieder fruchtbaren Acker macht. Die beiden Männer ergänzten sich prächtig und sie gingen sogar so weit, dass sie die auferlegte Fronarbeit an der befestigten Straße von Heidelberg nach Mannheim selbst unter Androhung von gewaltigen Übeln der höchsten gerichtlichen Instanz, dem Oberhofgericht Heidelberg, ablehnten. Schlussendlich musste damals Kurfürst Karl Theodor als oberstes Organ Recht sprechen. Nach mehrjährigem juristischem Streit entschied er, dass seine Käfertaler frei von Fronarbeit bleiben. Dass die Käfertaler so angesehen waren, das hatten sie wieder diesem Schultheiß Martin Dick und dem tollen Jagdrevier im Forst zu verdanken. Er hatte großen Anteil daran, dass die Lieblingsfreizeitbeschäftigung der hohen Herren, die Jagd, zufriedenstellend von statten ging. Ein letztes Wort zu Lemaitre, er soll den schönsten Nutzgarten in ganz Mannheim gepflanzt haben. Am Wochenende kamen die Besucher von nah und fern. Dort konnten sie viele exotische und unbekannte Pflanzen kennenlernen. Le Maitre schaffte es, den Ertrag der Bauern auf den Feldern zu verzehnfachen. Die sandigen und kargen Böden in Käfertal und Umgebung wurden wieder fit. Trotz seiner vielen Verdienste für die Stadt und den Kurfürsten, wurde er nie zu einem Landwirtschaftlichen Hofrat ernannt. Ich finde, dass das auch wieder ein gelungenes Beispiel für einen kulturellen Austausch ist. Le Maitre hat wirklich Großartiges auf dem Gebiet der Landwirtschaft und Ernährung geleistet, selbst Musterhäuser (Dreifenstergasse in Käfertal) mit Nutzgärten entwarf er.

Noch so ein richtig gutes Ding. Monnem besitzt noch 16 Landschaftsschutzgebiete, darunter auch ein ehemaliges Niedermoor, bei Sandtorf in der Nähe von Blumenau, das sind etwa ein Drittel der städtischen Fläche. Der Stadtteil Blumenau heißt so, weil es dort in den 30er ein Blumenfeld mit einer Größe von 40.000 Quadratmetern gab.

Kennen Sie die Geschichte, wie in Käfertal zwei Männer einen Löwen gesehen hatten? Sie schworen Stein und Bein. Das ganze Dorf war auf den Beinen und man zog aus, um den Löwen zu jagen. Eine große Jagd mit Hunden begann und in der Dämmerung fand man das Tier. Unter lautem Jaulen wurde es erschossen und zur Dorfkneipe, die heute noch den Namen »Zum Löwen« trägt, gebracht. Hier wurde zur Feier ein rauschendes Fest abgehalten. Erst spät in der Nacht bemerkte ein hinzukommender Gast, dass der angebliche wilde Löwe ein großer zotteliger Hund war. So kann es gehen, aber man nahm es wohl mit Humor und so erinnert noch heute der Name der Gaststätte an die Heldentat.

Passend zur heutigen Pandemielage: Es gab im 18. Jahrhundert eine große Seuche, die in Mannheim, angeblich wegen des schlechten Wassers, ausgebrochen war. Andere Quellen legen ihren Ursprung nach Indien.

»Als die Cholera 1817 von Indien ausgehend, immer weiter nach Westen vordrang und schließlich 1830/31 in Ostpreußen, Hamburg, Österreich und Mähren auftrat, sah man sich in Deutschland von einer neuen, bis dahin völlig unbekannten Krankheit bedroht. Die Unwissenheit, das plötzliche Auftreten der Krankheit und die Heftigkeit des Krankheitsverlaufs riefen bei der Bevölkerung Angst und Schrecken hervor. Keine soziale Schicht durfte sich vor der Seuche in Sicherheit wiegen, und die Staatsregierungen konnten nicht untätig bleiben. So kam es auch in Baden Anfang der 1830er Jahre zu einer Flut von staatlichen Erlassen, Verordnungen und Vorsichtsmaßnahmen gegen das Eindringen der Cholera. Auf örtlicher Ebene, Kreis- und Landesebene wurden spezielle Kommissionen zu Bekämpfung der Seuche errichtet.«

(Aus der Arbeit von Rainer Brüning und Peter Exner, s. Anhang)

Also Sie sehen, schon damals gab es solche Phasen und Ereignisse. Übrigens entdeckte Robert Koch den Erreger der Cholera 1883. Bis zu dessen Entdeckung, war die Wissenschaft in zwei erbitterte Fronten zerfallen (ähnlich wie heute). Für Reisende gab es sog. Reinheits- bzw. Gesundheitspässe. Irgendwie erleben wir gerade ein Déjà-vu. Es wurde eine Cholera-Kommission eingerichtet. So etwas sollte es auch jetzt geben, damit die Regierung ihrer normalen Tätigkeit weitestgehend nachgehen kann, denn es gibt ein Leben danach oder damit. Also wäre ein unabhängiger Corona-Ausschuss ratsam. Im Jungbusch gibt es den Pestbuckel. Auf alten Karten ist er eingezeichnet. Dort liegen tausende von Leichen begraben. Wie viele Opfer die Cholera forderte konnte ich nicht recherchieren. In Köln sollen ihr etwa drei Prozent der Bevölkerung anheim gefallen sein.

Die Quadratestadt hatte 1849 etwa 22.000 Einwohner. Erst mit Beginn der Industrialisierung explodierte die Bevölkerung. 1897 waren es schon über 100.000 Bürger. Die Cholera dürfte also ca. 666 Oper gefordert haben. Die damals strikten Maßnahmen wurden schon bald als hinderlich und wenig erfolgreich wieder eingestellt. Man stellte fest, dass mit gewissen Regeln der Krankheitsausbruch zwar nicht verhindert, aber kontrolliert werden konnte. Ich würde diese Entscheidungen als weise und verhältnismäßig bezeichnen.

Unbedingt will ich Ihnen noch als möglicherweise letzte Anekdote das Wunder vom SV Waldhof in Erinnerung rufen. Damit wuchs ich auf. Es waren ganz wunderbare große Emotionen, wie sie nur in Massenveranstaltungen entstehen, und meine ersten Megaevents. Ich bin ja später im Jugendalter in der *Gaddestadt* aufgewachsen und zuerst hörten wir immer die Schreie von tausenden von Fans bei den Spielen, irgendwann packte auch mich das Fußballfieber und ich ging zum Stadion am Alsenweg. Der Waldhof, ein drittklassiger Verein, schaffte unter seinem verdienten Trainer Klaus Schlappner, den Aufstieg in die Königsklasse. Leider hatte man kein eigenes Stadion und bis das fertig war (Planung und Ausführung), spielte man schon wieder zweitklassig. Heute weiß ich gar nicht mehr, in welcher tiefsten Liga der Verein steht. Dem SVW erging es also wie dieser Tage dem BER. Nach neun Jahren endlich eröffnet, aber es gibt fast keinen Flugbetrieb (minus 90 Prozent) mehr. Im Internet findet sich eine tolle Doku über das Wunder vom Waldhof rund um ihr griechisches Vereinslokal mit dem legendären Wirt *Dimi*.

Gerade erreichte mich die Nachricht, dass der Oberbürgermeister von Mannheim, Herr Dr. P. Kurz, ab Freitag, dem 04. Dezember, in Mannheim nächtliche Ausgangssperren beschossen hat. Ein tragikomischer Moment, wenn man bedenkt, wann zum letzten Mal Ausgangsbeschränkungen oder sog. Notverordnungen in Kraft waren und was daraus wurde. Die Lage ist heute zum Glück eine andere, denn wir machen das alle freiwillig, aus Gründen der Solidarität, dem Schutz von Risikogruppen und über 80 Prozent tragen laut Informationen der ARD (Stand 01.10.2020, ARD Deutschland Trend) die Maßnahmen mit. Hoffentlich kommen wir alle gut durch diese Zeit und ich wünsche uns, dass unsere Schlussfolgerungen von großer Weisheit getragen waren. Wichtig ist nach meinem Dafürhalten, dass wir an unseren Werten festhalten, denn wenn die untergehen, dann geht auch die Gesellschaft unter. Freiheit, Brüderlichkeit, Demokratie, Menschenrechte, Rechtstaatlichkeit und Gleichheit oder so ähnlich.

Zu meinen Kindern sage ich immer Wahrheit, Liebe und Achtsamkeit. Wir Mannheimer haben ja einen wilden Dialekt, der für Aussenstehende sehr eigentümlich breit klingt. Trotzdem sitzt das Leibnizinstitut in Mannheim und erforscht von hier aus die deutsche Sprache und dass alles richtig geschrieben wird, dafür ist der Duden-Verlag zuständig. Natürlich kommt auch der Wissensverlag Brockhaus von hier. 2009 endete die Ära Brockhaus, das Verlagshaus wurde zerschlagen.

Abschließen möchte ich dieses Buch mit der Geschichte einer Frau. Elsa Kocher, in Mannheim geboren, landete 1930/1931 mit einem Propellerflugzeug auf dem Flughafen der Quadratestadt. Sie war die erste Frau in Baden mit einer Erlaubnis zum Fliegen.

Vielen Dank, liebe Leserin und lieber Leser, dass Sie mir bis hierher die Treue gehalten haben. Ich wünsche mir, dass ich Sie zumindest etwas überzeugen konnte, dass der Mittelpunkt der uns bekannten Welt in Mannheim liegt. Wer etwas anderes behauptet, darf das gerne beweisen, aber aufgrund der vielen Gewichte, die Monnem in die Waagschale gelegt hat, wird das wohl noch einige Zeit so bleiben. Da können wir schon stolz sein, hier zu leben. Die Stadt hat sich ihren Aufstieg nicht leicht gemacht, es dauerte etwas, bis überhaupt ihr Wert erkannt wurde (Mannheim wird neue Residenzstadt), oft wurde sie zerstört (z.B. im Dreißigjährigen Krieg) und musste von vorne beginnen. Dank des Zuzug und des Austauschs vieler unterschiedlicher Kulturen gelang es ihr aber immer wieder aufzusteigen bzw. zu wachsen. Der eigentliche Durchbruch kam für mich im 16. und 17. Jahrhundert durch die Modernisierung der Landwirtschaft (der Ertrag der Böden wird gesteigert) und den Beginn des Maschinenzeitalters (Laufrad).

Womöglich, und das würde mich sehr glücklich machen, konnten Sie etwas Neues über Mannheim, ihre Stadt, erfahren oder der geschichtliche Kontext, die Evolution bzw. der Aufstieg dieser »mega city« wurde deutlicher. Am meisten würde ich mich darüber freuen, wenn ich Ihr Interesse bei dem einen oder anderen Punkt geweckt hätte und Sie besuchten mal das Museum für Stadtgeschichte, das neue Marchivum im Bunker in der Neckarstadt oder lesen eines der vielen aufgeführten Bücher, die ich alle nur empfehlen kann oder schlendern einfach nur durch die Auen oder Wälder. Machen Sie's gut und vielleicht werde ich der einen Leserin oder dem anderen Leser mal in den Quadraten begegnen.

NACHWORT

Im Kapitel über Goethe und Schiller haben wir gehört, dass die Räuber in Mannheim uraufgeführt wurden. Wir sind jetzt sozusagen auch im fünften und letzten Akt (der Ganoven) angelangt. Lacht! Ich hoffe, Ihnen ist es beim Lesen der Zeilen, liebe Leserin und lieber Leser, besser ergangen als Karl. Sie konnten einiges Neues mitnehmen, erkannten die Wahrheit, sind niemanden auf den Leim gegangen und zu guter letzt erkennen sie Mannheim nun mit anderen Augen. Ich finde es wichtig, dass man seine Wurzeln kennt, ohne ist man verloren und dazu gehört für mich auch die Historie der Stadt, in der wir leben, geboren oder aufgewachsen sind. Wurzeln sind bei Bäumen so etwas wie ein Gedächtnis bzw. das Gehirn.

(Wildtiergehege Karlstern, zutraulicher Rehbock mit nur einem Auge.)

Monnem hat sich verändert, wie sollte es auch in hunderten von Jahren anders sein. Trotzdem ist sie noch immer ein Sammelsurium an Kulturen, bunt, kreativ, trendy und weltoffen für viele neue Ideen. Es lässt sich hier gut leben. Der Hektik und dem Stress des heutigen Alltags kann man in den Stadtparks und Naherholungsgebieten in und um Mannheim gut entfliehen. Wer noch mehr »Bushcraft« braucht, geht in den Odenwald oder den Pfälzer Wald. Mehr und bessere Radwege wären noch angezeigt, um sich zukunftsorientiert und vernünftig fortzubewegen. Und natürlich ein nachhaltiges Stadtentwicklungsprogramm.

Darüber hinaus noch anzugehen sind die »Vermüllung« der Städte und Wohnraum, der bezahlbar bleibt. Dies sind weitere drängende Probleme unserer Zeit. Es bedarf hier eines speziellen Konzeptes, das wir wohl alle noch nicht kennen. Wir wissen nur, so sollte und kann es nicht weitergehen. Der Konsumrausch und seine lifestyle Inflation produzieren zu viele Verlierer und nur ganz, ganz wenige Gewinner. Größte Verlierer sind die Innenstädte, die Erde und der einfache Bürger. Aktuell wurden wir durch den Lockdown für einige Momente etwas angehalten. Ich würde mir wünschen, dass nach dieser nachdenklichen Zeit vernünftigere Entscheidungen für unsere Zukunft getroffen werden.

Ich finde, die Periode zwischen 1914 und 1929 zeigt, was geschehen kann, wenn die Schere zwischen arm und reich zu sehr auseinandergeht. Wenn die Gesellschaft zerrissen ist. Wenn große Teile nicht gesehen oder gehört werden und die offene Diskussion unterdrückt wird. Dann hat man möglicherweise ein extrem gefährliches Gemisch, wie bei der großen Explosion von 1921, und es braucht nur noch einen Zündfunken (Initialzündung), dann ist der Flächenbrand da. Die Dinge nicht einfach schweigend hinnehmen, das wäre wichtig. Gestalten Sie, liebe Mitbürgerinnen und Mitbürger, Demokratie. Beteiligen Sie sich und bringen Sie Ihre Interessen ein. Bei meiner ganzen Recherche zu dieser Schrift, diesen Zeilen hat mich ein Buch aufgrund seiner persönlichen Geschichten besonders beeindruckt. Es ist das Buch von Lothar Steinbach. Sie finden Infos dazu im Anhang. Es geht hier um »oral history« (Zeitzeugen berichten). Mit einem Zitat aus diesem Buch möchte ich das Nachwort beenden liebe Leserin und lieber Leser.

»... es gibt vielfältige Nuancen von Gegnerschaft, Verweigerung und Widerstand aus den Reihen des einfachen Volkes ...Wer mit Wunschvorstellungen vom Verhalten der Menschen das Thema Widerstand angeht, wird enttäuscht sein: Auch in der Arbeiterklasse gab es eine ***große schweigende Mehrheit****, die sich dem Widerstand gegen das Nazi-Regime entzogen und in die Nische des Privaten zurückgezogen hat, um zu überleben...Es war dagegen* ***schiere Angst*** *und das Empfinden der Ohnmacht, die die meisten zum Schweigen und Rückzug aus dem politischen Spannungsfeld bewogen hat, obwohl sie sahen, was um sie und mit ihresgleichen in jenen Jahren geschah.* ***Die Angst*** *ist für den einzelnen ein ernst zu nehmender Hinderungsgrund, sich zur Wehr zu setzen.* ***Und ge-***

rade die gezielte Erzeugung von Angst durch Abschreckungsbeispiele, *Gewaltausübung und Vergeltungsmaßnahmen gegenüber jedem möglichem oder erklärten Nazi-Gegener sicherte der braunen Gewaltherrschaft für zwölf Jahre ihren Bestand.« (L. Steinbach, Erinnerungen aus einem halben Jahrhundert, S. 338)*

Gerade in unseren Zeiten ist es wichtig, einen klaren Kopf zu behalten, dazu kann die Vergangenheit dienen, helfen kann sie uns nicht. In zu große Angst und Panik verfallen sollten wir nicht, das Leben erfordert auch immer eine Portion Mut, denn sonst sind eventuell keine vernünftigen Entscheidungen mehr möglich. In Amerika ist es aktuell der letzte Schrei, sein Gehirn auslesen zu lassen oder sich einzufrieren. Dahinter steckt der Wunsch nach ewigem Leben. Ich selbst freue mich auf den Tag, wo ich vor meinem Schöpfer stehe, und die Zeit bis dahin will ich nicht übermäßig strecken.

Schlussendlich leben wir aber in einer großartigen Stadt, in einem geilen Land, mit wunderbarer Kultur und einem freien Austausch. Dass es so bleibt und dass Mannheim auch weiterhin seinen Beitrag als Mittelpunkt der Welt erbringt, dafür können und sollten wir alle sorgen. Friede und Liebe für Sie alle, liebe Leserin und liebe Leser!

Wir alle kennen die Zukunft nicht. Der hier schon erwähnte und in Mannheim geborene und aufgewachsenen Theologe Alfred Delp sagte hierüber etwas bei seiner Hinrichtung. Auf dem Weg unter den Galgen erklärte er dem Gefängnispfarrer:

»In wenigen Augenblicken weiß ich mehr als Sie.«

LITERATUR- UND QUELLENVERZEICHNIS

Das umfassende Quellenverzeichnis dient der Recherche nach mehr Hintergrundwissen sowie dem schnellen Überprüfen der Richtigkeit der aufgeführten Fakten.

Ich möchte darauf hinweisen, dass bestimmte Quellen einer Veränderung unterliegen können. Außerdem ist es mir nicht möglich jede Quelle und die Personen die dahinter stehen zu beurteilen. Ich versuchte seriöse und sachliche Quellen, Informationen und Fakten für meine Recherchen zu verwenden. Rassistische oder sonstige in irgendeiner Weise bestimmte Personen oder Gruppen diffamierende oder verletzende Quellen bzw. Inhalte wollte ich ausschließen. Sollte mir das an irgendeiner Stelle nicht gelungen sein, dann bitte ich um Ihre Nachsicht. Weder die Kirche, noch den Glauben eines jeden einzelnen oder die Ernährungsweise wollte ich anprangern. Meine Ausführungen sollen als Anregung und Information verstanden werden.

Trotz größter Sorgfalt können mir Fehler unterlaufen sein. Gerne dürfen Sie mir Anregungen mitteilen.

Andrea Bergen-Rösch, »Wie der Mist nach Mannheim kam«, Wellhöfer Verlag 2016

Günter Bertschmann, Käfertal, Woche Verlag GmbH, 1992

Kurt Bräutigam, »s´gibt nur ää Mannem - Erinnerungen an meine Jugendzeit«, Südwestdeutsche Verlagsanstalt GmbH u. Co KG Mannheim, 1980

F.A. Brockhaus, »Mannheim - 400 Jahre Quadratestadt-das Lexikon«, 2006

Charles Bukowski, »Die Ochsentour«, Frankfurt Fischer Verlag, 1982

Thomas Christoph, »Zwischen Schwert und Schild: Die US Streitkräfte in Deutschland 1953 bis 1963 und die Umsetzung der Militärstrategie, LIT Verlag - Marburger Beiträge 2005

Dr.-Ing. Karl Frey und Lorenz Klingert, »Heimatbuch«, Gesamtherstellung Mannheimer Großdruckerei GmbH 1954

Michel Friedman und Harald Weizer, »Zeitenwende - Der Angriff auf Demokratie und Menschenwürde«, Verlag Kiepenheuer und Witsch 2020, 1. Auflage

Robert Häuser, Schwarz und Weiß, Wunderhorn Verlag, 2013, 2. Auflage

Kurt Heinz, Liebes altes Mannheim - Ein Bilderbuch der Erinnerungen, Verlag Dr. Haas KG Mannheim, dritte erw. Auflage 1966

Siegfried Kracauer, Die Angestellten - Eine Schrift vom Ende der Weimarer Republik, Allensbach Verlag, 1959

Eugen Müller, Erinnerungen eines humorigen Mannheimers, 1986, 3. erweiterte Auflage

Stattliche Rhein-Neckar-Hafengesellschaft mbh-HGM, Rhein-Neckar-Hafen Mannheim - Einblick in die Entwicklung eines Binnenhafens, 2. Auflage 1999

Lothar Steinbach, Mannheim - Erinnerungen aus einem halben Jahrhundert, Konrad Theiss Verlag, 1984
Henry David Thoreau, Über die Pflicht zum Ungehorsam gegen den Staat - und andere Essays, Diogenes 1967, 1973
Heinrich Zenoni, Erstes Lehrjahr - Behandlung der Cholera - Epidemie in Mannheim 1849, Bassermann Verlag 1850

Kapitel Planken und Breite Straße

o.V. heidelberg24.de (2020) »Universitätsklinikum, will in die Neue Normalität schreiten«
https://www.heidelberg24.de/heidelberg/coronavirus-heidelberg-uniklinik-krankenhaus-covid-19-intensivbetten-patienten-13716173.html, aufgerufen am 13.06.2020

o.V. youtube.de (2019) K.I.Z. »Hurra die Welt geht unter«
YouTube.com/watch?v=XTPGpBBwt1w, aufgerufen am 05.10.2020

Kapitel Tal der Flachen Dächer

Julie Dutkowski (2017) »RTL 2 zeigt Brennpunkt - Doku über *Benz Baracken* auf dem Waldhof«
https://www.rnz.de/nachrichten/mannheim_artikel,-Mannheim-Mannheimer-Barackler-unter-sich-RTL-2-zeigt-Brennpunkt-Doku-ueber-Benz-Baracken-auf-dem-_arid,277532.html, aufgerufen am 05.10.2020

o.V. YouTube.de (2009) »Tal der flachen Dächer«

youtube.com/watch?v=wTjnoPEjnSA, aufgerufen am 05.10.2020

o.V. youtube.de (2013) »Mittschnitt eines Notrufes bei der Polizei Mannheim« https://www.youtube.com/watch?v=TzPULn5WPmk, aufgerufen am 14.06.2020

Walter Pahl - Gartenstadt-Journal Geschichtswerkstatt (2011, Nr. 9) http://docplayer.org/28803896-Nr-9-september-jahrgang-journal.html, aufgerufen am 26.08.2020

Eric Friedler - ndr.de - Dokumentarfilm über Charly Graf (2012) »Ein deutscher Boxer« https://www.ndr.de/der_ndr/presse/mappen/boxer123.pdf, aufgerufen am 26.08.2020

o.V. - news.de (2018) »Benz Baracken in Mannheim-Waldhof: Die Geschichte des "Hartz und herzlich"-Schauplatzes« https://www.news.de/panorama/855666613/benz-baracken-mannheim-waldhof-beim-daimler-werk-in-rtl2-doku-hartz-und-herzlich-siedlung-geschichte-entstehung/1, aufgerufen am 05.10.2020

Kevin Hagen - spiegel.de (2016) «Der Fall der letzten SPD Bastion« https://www.spiegel.de/politik/deutschland/afd-erfolg-in-mannheim-der-fall-der-letzten-spd-bastion-a-1082320.html, aufgerufen am 30.11.2020

Kapitel Die Stadt versinkt im Müll
o.V. - naturefund.de (o.J.) »Die häufigsten Kunststoffe«
https://www.naturefund.de/wissen/plastik/haeufige_kunststoffe/, aufgerufen am 05.10.2020

o.V. - fitforfun.de (o.J.)
https://www.fitforfun.de/abnehmen/gesund-essen/pet-flaschen-wie-gefaehrlich-sind-plastikflaschen_aid_11235.html, aufgerufen am 05.10.2020

Kapitel Guerilla Gärten + Märkte
Monika Ryll - Rhein-Neckar-Industriekultur e.V. (2013) »Bauhaus-Architektur - Einzug der Moderne in Mannheim«
https://kurzelinks.de/zqmg, aufgerufen am 06.12.2020

Kapitel Krempelmarkt
Harald Berlinghof - RNZ.de (2016) »Unter Schnäppchenjägern in Mannheim - Ein Erfahrungsbericht«
https://www.rnz.de/nachrichten/mannheim_artikel,-Mannheim-Unter-Schnaeppchenjaegern-in-Mannheim-Ein-Erfahrungsbericht-_arid,224176.html, aufgerufen am 06.12.2020

Käferthaler Wald
o.V. karlstern.de (o.J.) »Geschichte des Karlsterns - Ablauf einer Jagd im 1300 Jahrhundert« https://www.karlstern.de/haben-sie-gewusst/#1604075419485-42a25064-d70b, aufgerufen am 05.12.2020

Volker Endres - rnz.de (2012) »Grüne Lunge direkt vor der Stadt« https://www.rnz.de/nachrichten/metropolregion_artikel,-Metropolregion-Gruene-Lunge-direkt-vor-der-Stadt-_arid,51638.html, aufgerufen am 07.12.2020

Kapitel Ruhige Zeiten
Tobias Krone - deutschlandfunk.de (2019) »Stütze und Störer - Katholische Kirche im Nationalsozialismus« https://www.deutschlandfunk.de/katholische-kirche-im-nationalsozialismus-stuetze-und.886.de.html?dram:article_id=464783, aufgerufen am 28.08.2020

Jutta Pinzler, Stefanie Gerhards, Katja Heinrichs, Martin Gronemayer - arte.de (2020) »Corona: Sicherheit kontra Freiheit« https://bit.ly/37FnqDF, aufgerufen am 10.12.2020

Kapitel Hans Böckler Platz
Alexander Albrecht - rnz.de (2020) »Hans-Böckler-Platz vermüllt und zieht Ratten an«

https://www.rnz.de/nachrichten/mannheim_artikel,-mannheim-hans-boeckler-platz-vermuellt-und-zieht-ratten-an-_arid,503605.html, aufgerufen am 13.12.2020

Kapitel der höchste Punkt

Hartwig Trinkaus - morgenweb.de (2013) »Mannheims höchster Punkt sehr beliebt«
https://www.morgenweb.de/mannheimer-morgen_artikel,-seckenheim-mannheims-hoechster-punkt-sehr-beliebt-_arid,446086.html, aufgerufen am 10.12.2020

o.V. - nabu-schwetzingen.de (o.J.) »Der Hirschacker-Dossenwald«
https://www.nabu-schwetzingen.de/nabu-gebiete-in-der-region/schwetzingen/hirschacker/, aufgerufen am 10.12.2020

Kapitel Busch, Neckar + Innenstadt

Yasemin Yavuz - spiegel.de (2018) »Mannheims verlorene Viertel«
https://www.spiegel.de/video/spiegel-tv-ueber-den-sozialen-brennpunkt-mannheim-video-99023239.html, aufgerufen am 30.08.2020

Jennifer Yeboah - neckarstadtblog.de (2020) »Die Neckarstadt-West besteht nicht nur aus Problemen«
https://www.neckarstadtblog.de/2020/07/10/die-neckarstadt-west-besteht-nicht-nur-aus-problemen, aufgerufen am 30.08.2020

Kapitel FVZ
o.V. - mannheim24.de (2018) »Auf Gelände von FVZ: Schlachtbetrieb in Mannheim wird fortgeführt«
https://www.mannheim24.de/mannheim/mannheim-nach-schliessung-fleischversorgungszentrum-neuer-schlachtbetrieb-gelaende-9776467.html, aufgerufen am 12.07.2020.
Goldschmitt, Wolff H. - rnz.de (2018) »Wenn Schweine vor Angst schreien«
https://www.rnz.de/nachrichten/mannheim_artikel,-schlachthof-mannheim-wenn-schweine-vor-angst-schreien-_arid,389516.html, aufgerufen am 12.07.2020.

o.V. - mannheim24.de (2016) »Erhebliche, länger andauernde Leiden - Warum PETA den Mannheimer Schlachthof anzeigt«
https://www.mannheim24.de/mannheim/mannheim-peta-stellt-strafanzeige-wegen-betaeubungsmethode-fleischversorgungszentrum-6635108.html, aufgerufen am 12.07.2020.

Ampeldemo - Mannheim FVZ GmbH
https://www.facebook.com/events/273429593941016/
aufgerufen am 12.07.2020.

13th VGil - Mannheim animal save
https://www.facebook.com/events/273792030712251, aufgerufen am 12.07.2020.

Ives Bossard und Richard David Precht - YouTube.de (2017) »Wem gehören die Tiere?«
youtube.com/watch?v=JHdoV6FmfVQ, aufgerufen am 27.11.2020

Kapitel Tiefster Punkt

o.V. - landeskunde.eu (2017) »Badens geografische Extreme«
http://landeskunde.eu/landeskunde/rhein/baden/baden_geograf_extreme.htm, aufgerufen am 12.07.2020

o.V. - unric.org (2020) »Die Charta der Vereinten Nationen«
https://unric.org/de/charta/, aufgerufen am 19.10.2020

Jan Millenet - rnz.de (2013) «Mord in Kirschgartshausen: Die Polizei tappt bis heute im Dunkeln«
https://www.rnz.de/nachrichten/mannheim_artikel,-Mannheim-Mord-in-Kirschartshausen-Die-Polizei-tappt-bis-heute-im-Dunkeln-_arid,28689.html, aufgerufen am 26.07.2020

o.V. - scarra.de (o.Jahr) »Unsere Geschichte«
http://scarra.de/unsere-geschichte.html, aufgerufen am 01.09.2020

o.V. - rnz.de (2018) »Die Opfer sind nicht vergessen«

https://www.rnz.de/nachrichten/mannheim_artikel,-doppelmord-in-mannheim-kirchgartshausen-2013-die-opfer-sind-nicht-vergessen-_arid,344907.html, aufgerufen am 19.10.2020

Kapitel Goethe, Mozart, Schiller, Dumas etc.

Elfriede Johanna Appel - http://archiv.ub.uni-heidelberg.de (Zweite Aufl. 2020) »Der Wiederaufbau des Quadrats N 1 in Mannheim« http://archiv.ub.uni-heidelberg.de/volltextserver/3382/1/Appel.pdf, aufgerufen am 05.09.2020

o.V. - morgenwegb.de (2018) - »Bürgerbegehren gescheitert - Der Frust sitzt bis heute tief« https://www.morgenweb.de/mannheimer-morgen_artikel,-mannheim-buergerbegehren-gescheitert-der-frust-sitzt-bis-heute-tief-_arid,855263.html, aufgerufen am 05.09.2020

o.V. - meile-der-innovatinnen.de (2020) »Wolfgang Amadeus Mozart (1756 - 1791)« http://www.meile-der-innovationen.de/innovationen/1756-1791-wolfgang-amadeus-mozart/, aufgerufen am 08.09.2020

Claudia Rottler - marchivum.de (2007) »Die Stadt, die um ein Theater gebaut wurde – Die soziale Basis des Nationaltheaters Mannheim« https://www.marchivum.de/bibliostar/digitalisate/web49.pdf, aufgerufen am 08.09.2020

Hanspeter Rings - goethe-Mannheim.de (2018) »Goethe in Mannheim«
https://www.goethe-mannheim.de/goethe-in-mannheim, aufgerufen am 08.09.2020

Kapitel Schmelztiegel der Kulturen

Harald Berlinghof - rnz.de (2019) »Jünger, aber immer noch sehr alt«
https://www.rnz.de/nachrichten/metropolregion_artikel,-reilinger-urmensch-juenger-aber-immer-noch-sehr-alt-_arid,423656.html, aufgerufen am 16.09.2020

Franca Wittenbrink - stuttgarter-nachrichten.de (2017) »Die Vielfalt der Welt in den Quadraten«
https://www.stuttgarter-nachrichten.de/inhalt.mannheimer-multikultur-projekt-die-vielfalt-der-welt-in-den-quadraten.cb641523-83d1-48fb-93f2-1bc9fc484ae7.html, aufgerufen am 23.10.2020

Kapitel Waldpark und Strandbad

o.V. - ndr.de (2017) »Bier: Verwässertes Reinheitsgebot - Kunststoffgranulat macht das Bier länger haltbar«
https://www.ndr.de/ratgeber/verbraucher/Bier-Verwaessertes-Reinheitsgebot,bier622.html, aufgerufen am 10.09.2020

o.V. - heimatverein-neckarau.de (2015) »Strandbad«

http://heimatverein-neckarau.de/?p=245, aufgerufen am 23.10.2020

o.V. - morgenweb.de (2020) »Reise ins Mannheim der 30er Jahre - Mitten im Waldpark gelegen lockte das Waldparkrestaurant "Zum Stern" die Mannheim mit einem Tierpark und wilden Löwen ins Grüne.«
https://www.morgenweb.de/mannheimer-morgen_fotostrecke,-fotostrecke-reise-ins-mannheim-der-30er-jahre-_mediagalid,35811.html, aufgerufen am 23.10.2020

Kapitel Agonie

o.V. - rnz.de (2020) »Neue Fassade der Kunsthalle muss saniert werden«
https://www.rnz.de/nachrichten/mannheim_artikel,-mannheim-neue-fassade-der-kunsthalle-muss-saniert-werden-update-_arid,517941.html,aufgerufen am 17.09.2020

Fabian Busch - süddeutsche.de (2019) »Warum es so lange dauert, bis gebaut wird - Viele Schulen bröckeln vor sich hin - und über Jahre passiert nichts. Es liegt am fehlenden Geld. Aber nicht nur daran.«
https://www.sueddeutsche.de/bildung/schulbau-sanierung-1.4541153, aufgerufen am 17.09.2020

Ute Wiedemeyer - spiegel.de (2019) »Der Skandal um die Neue Heimat«

https://www.spiegel.de/geschichte/neue-heimat-skandal-1982-warum-das-wohnungsbauunternehmen-unterging-a-1273584.html, aufgerufen am 17.09.2020

Harald Berlinghof - rnz.de (2020), »Hochstraße Süd noch maroder - Sperrung für Straßenbahnen« https://www.rnz.de/nachrichten/metropolregion_artikel,-ludwigshafen-hochstrasse-sued-noch-maroder-sperrung-fuer-strassenbahnen-update-_arid,481452.html, aufgerufen am 20.09.2020

Klaus Lanz - dievolkswirtschaft.ch (2019) »Die Privatisierung der Wasserversorgung hat sich nicht bewährt« https://dievolkswirtschaft.ch/de/2019/05/lanz-06-2019, aufgerufen am 20.09.2020

o.V. - mannheim24.de (2017) »Bis 2021: Dafür investiert Stadt Mannheim 500 Mio. Euro! « https://www.mannheim24.de/mannheim/mannheim-laut-haushaltsentwurf-2018-19-investiert-stadt-bis-2021-rund-500-millionen-euro-8761863.html, aufgerufen am 21.09.2020

o.V. - swr.de (2020) »Leere Stadtkassen durch Corona« https://www.swr.de/swraktuell/baden-wuerttemberg/mannheim/artikel-schuldenstand-corona-kommunen-100.html, aufgerufen am 21.09.2020

Volker Endres - rnz.de (2014) »Die Stadt Mannheim hat 2,28 Milliarden Vermögen« https://www.rnz.de/nachrichten/mannheim_artikel,-Mannheim-Die-Stadt-Mannheim-hat-228-Milliarden-Vermoegen-_arid,68977.html, aufgerufen am 21.09.2020

o.V. manager-magazin.de (2000) »Wie in Mannheim 400 Millionen abhanden kamen« https://www.manager-magazin.de/finanzen/artikel/a-61119.html, aufgerufen am 23.10.2020

Kapitel Blume-Peder

Marco Partner - rnz.de (2020) »Mannheimer Blumenpeter ist bis heute unvergessen« https://www.rnz.de/nachrichten/mannheim_artikel,-80-todestag-mannheimer-blumepeter-ist-bis-heute-unvergessen-_arid,519238.html, aufgerufen am 05.09.2020

Marco Partner - rnz.de (2020) »Der Mannheimer Blumepeter: Mythos und Wahrheit« https://www.rheinpfalz.de/lokal/mannheim_artikel,-der-mannheimer-blumepeter-mythos-und-wahrheit-_arid,5075278.html?reduced=true, aufgerufen am 23.11.2020

o.V. - YouTube/ SWR Landesschau (2020) »Wie der Abriss der Hochstraße die Wirtschaft belastet« YouTube.com/watch?v=bhh0q9klnq4, aufgerufen am 23.10.2020

Kapitel Die Goldenen Zwanziger
o.V. - marchivum.de (2020) »23 November 1928«
https://www.marchivum.de/de/chronikstar?chronikstar-kat=All&cstitle=&cstitle_op=contains&field_beschluss-datum_value%5B0%5D=&field_beschlussdatum_value%5B1%5D=&sort_by=field_beschlussdatum_value&sort_order=DESC&text=&text_op=contains&page=517, aufgerufen am 18.08.2020

o.V. marchivum.de (2019) »...eine starke Frau aus Mannheim«
https://www.facebook.com/MannheimDamalsinBildern/posts/2233981440022067,
aufgerufen am 18.08.2020

o.V. de.statista.com (2019) »Reichtumspyramide: Verteilung des Reichtums auf der Welt im Jahr 2019«
https://de.statista.com/statistik/daten/studie/384680/umfrage/verteilung-des-reichtums-auf-der-welt/, aufgerufen am 16.12.2020

Kapitel Hartes Erbe
Anna Seghers - wikipedia.de (2020) »Das Siebte Kreuz«
https://de.wikipedia.org/wiki/Das_siebte_Kreuz,
aufgerufen am 21.07.2020.

o.V. - mannheim.de (o.J.) »Mahnmal für die jüdischen Opfer des Nationalsozialismus« https://www.mannheim.de/de/tourismus-entdecken/stadtgeschichte/mahnmal, aufgerufen am 10.09.2020

Kapitel Hafen

o.V. - FIS (2019) »Infrastrukturschäden durch den Straßenverkehr« https://www.forschungsinformationssystem.de/servlet/is/39816/, aufgerufen am 10.08.2020.

o.V. - Rhein-Magazin Düsseldorf (2018) »Die Legende von der umweltschädlichen Binnenschifffahrt« https://www.rhein-magazin-duesseldorf.de/die-legende-von-der-umweltschaedlichen-binnenschifffahrt/?cn-reloaded=1, aufgerufen am 10.08.2020.

o.V. - swr.de (2020) »Deutlich mehr Arbeitslose im Rhein-Neckar-Raum« https://www.swr.de/swraktuell/rheinland-pfalz/ludwigshafen/mannheim-ludwigshafen-zahl-der-arbeitslosen-stark-gestiegen-100.html, aufgerufen am 29.10.2020

o.V. - aerztezeitung.de (2019) »43.000 Todesfälle durch Feinstaub und Ozon in Deutschland« https://www.aerztezeitung.de/Medizin/43000-Todesfaelle-durch-Feinstaub-und-Ozon-in-

Deutschland-253543.html, aufgerufen a, 29.10.2020

o.V. - taz.de (o.J.) »Wer zu arm ist, kommt in den Knast«
https://taz.de/Haftstrafen-fuer-Schwarzfahren/!5529577/, aufgerufen am 18.12.2020

Kapitel Limes und Kurpfälzer

o.V. - rem-mannheim.de (o.J.) »Versunkene Geschichte. Archäologie an Rhein und Neckar - ein Hauch von Rom«
https://www.rem-mannheim.de/museen-in-mannheim/museum-weltkulturen/versunkene-geschichte/ein-hauch-von-rom/, aufgerufen am 25.11.2020
Christian Decker - pfalzgeschichte.de (2017) »Von der Pfalz als Völkerschmelztiegel und Roms Vorstoß an den Rhein«
https://www.pfalzgeschichte.de/von-kelten-roemern-und-germanen/, aufgerufen 27.12.2020

Kapitel Die Gartenstadt

Bernhard Reinbold - rhein-neckar-indsutriekultur.de (2020) »Almenhofsiedlung der Gartenstadtgenossenschaft Mannheim«
https://www.rhein-neckar-industriekultur.de/objekte/almenhofsiedlung-der-gartenstadt-genossenschaft-ma, aufgerufen am 26.08.2020

Susanne Wassmuth-Gumbel - Mannheimer Morgen (26.08.2010) »Der Traum vom kleinen Häuschen und gesunder Luft. Ausgabe Nr. 3
o.V. - https://www.verband-wohneigentum.de (o.J.) »Die Geschichte der Gartenstadt« https://www.verband-wohneigentum.de/sg-mannheim-neueichwald-2/on1458, aufgerufen asm 06.12.2020

Kapitel Stadtwappen

o.V. - Mannheim2 (2020) »Stadtwappen« https://www.mannheim.de/de/stadtwappen, aufgerufen am 11.08.2020

o.V. - mannheim.de (o.J.) »Stadtfarben« https://www.mannheim.de/de/kultur-erleben/stadtgeschichte/stadtfarben, aufgerufen am 01.11.2020

Kapitel Anekdoten und Lokalkolorit

o.V. - wikipedia.de (2020) »Die Explosion des Opauer Stickstoffwerkes« https://de.wikipedia.org/wiki/Explosion_des_Oppauer_Stickstoffwerkes, aufgerufen am 21.07.2020.

o.V. - meile-der-innovatinnen.de (2020) »Kurpfälzer Meile der Innovationen« http://www.meile-der-innovationen.de/innovationen/1924-sicherungsautomat-hugo-stotz, aufgerufen am 09.08.2020.

o.V. - spiegel.de (2018) »Alle fünf Sekunden stirbt ein Kind.« https://www.spiegel.de/gesundheit/diagnose/unicef-alle-fuenf-sekunden-stirbt-ein-kind-a-1228676.html, aufgerufen am 14.08.2020

Katharina Grimm - stern.de (2019) »Mama, Papa und drei Kinder, das hat mit Deutschlands Realität wenig zu tun.« https://www.stern.de/wirtschaft/immobilien/singles-statt-familien--deutschland-wird-zum-single-land-7674306.html, aufgerufen am 16.08.2020

o.V. - kurpfalzarchiv.de (1998) »Das Kriegsende in Mannheim aus amerikanischer Sicht« https://www.kurpfalzarchiv.de/das-kriegsende-in-mannheim-aus-amerikanischer-sicht, aufgerufen am 24.09.2020

Rainer Brüning und Peter Exner - la-bw.de (2007) »Wege aus der Armut - Baden in der ersten Hälfte des 19. Jahrhunderts« https://www.la-bw.de/media/full/70115, aufgerufen am. 01.11.2020

Christoph Donauer - stimme.de (2019) »https://www.stimme.de/suedwesten/nachrichten/pl/Ludwigshafen-droht-ein-Verkehrskollaps-wegen-maroder-Strassen;art19070,4284300, aufgerufen am 20.12.2020

Günther Gaus - rbb-online.de (1964) »Was bleibt? Es bleibt die Muttersprache.«
https://www.rbb-
onli-
li-
ne.de/zurperson/interview_archiv/arendt_hannah
.html, aufgerufen am 21.12.2020

WEITERFÜHRENDE LINKS

Bedenken Sie bitte, dass ich für das funktionieren der Links auf den jeweiligen Seitenbetreiber angewiesen bin. Dieser kann jederzeit einen Artikel oder Beitrag entfernen. Das ist bedauerlich, aber wird im Einzelfall nicht immer vermeidbar sein.

Seite der Mannheimer Hafengesellschaft
https://www.hafenmannheim.de/de/wissenswertes/g
eschichte-des-hafens.html

Seite von berühmtem Erfindungen aus Mannheim
http://www.meile-der-
innovationen.de/innovationen/1924-
sicherungsautomat-hugo-stotz
Seite der Stadt Mannheim
https://www.mannheim.de/de

Seite über Heraldik
https://www.heraldik-
wappen.info/html/wappenkunst.html

Seite über die »Neue Sachlichkeit und entartete Kunst«
https://www.bpb.de/politik/hintergrund-aktuell/141166/entartete-kunst-17-07-2017

Hungernden Kindern helfen
https://www.unicef.de/informieren/ueber-uns/faq

Seite über »Die weise Rose«
https://www.bpb.de/geschichte/nationalsozialismus/weisse-rose/

Seite über die Stadtgeschichte Mannheims
https://www.marchivum.de/de

Seite zur Berta Benz Memorial Route
http://www.bertha-benz.de

Seite Institut für Deutsche Sprache
https://www1.ids-mannheim.de

Seite für Industriekultur Mannheim
https://www.rhein-neckar-industriekultur.de/objekte/spiegelkolonie-mannheim

Seite der Freunde des Karlsterns mit interessanten Infos

https://www.karlstern.de

Seite Verein Denkmalpflege Mannheim
https://stadtbild-mannheim.de/preis-fuer-denkmalpflege.html

Film über den Stadtteil Neckarstadt West
https://www.zdf.de/dokumentation/37-grad/37-zwei-quadratkilometer-stress-102.html

Film über Massentierhaltung »Dominion«
https://www.youtube.com/watch?v=LQRAfJyEsko&t=1594s

Film über gesunde Ernährung »The game Chargers«
ttps://www.youtube.com/watch?v=tMSTYLR2v_8&t=527s

Doku Mozart in Mannheim
https://www.ardmediathek.de/swr/video/abendschau/mozart-in-mannheim/swr-de/Y3JpZDovL3N3ci5kZS9hZXgvbzExNzkwMzg/

Seite über die Goethe Gesellschaft Mannheim
https://www.goethe-mannheim.de

Seite über Mannheim mit Blog (Wirklich tolle besondere Beiträge)
https://allesmonnem.wordpress.com/tag/schlossgarten/

Seite mit allerhand offizieller Statistiken über Schulden, Einwohner usw.
https://www.statistik-bw.de/FinSteuern/Schulden/SC-GE-EB.jsp

Eröffnungsbilanz, Jahresabschlüsse, Haushalte Mannheim
https://www.mannheim.de/de/stadt-gestalten/verwaltung/aemter-fachbereiche-eigenbetriebe/finanzen-steuern-beteiligungscontrolling/konzern-und-haushaltssteuerung/jahresabschluesse

Doku über das Phänomen vom Fußballverein Wadlhof (SV - Waldhof Aufstieg 1983
https://bit.ly/2TFElzh

Seite des NTM Mannheims
https://www.nationaltheater-mannheim.de/de/das-theater/nationaltheater_geschichte.php

Seite des Vereins Freiraum, über den Krempelmarkt

https://www.mannheimer-krempelmarkt.de

Seite über Künstler der Alten Sternwarte Mannheim
https://ausstellungsternwarte.wordpress.com/tag/freie-akademie-mannheim/

Seite über den Lorscher Codex mit allen erwähnten Ortsnamen
http://archivum-laureshamense-digital.de/de/klosterarchiv/geschichte.html

Übersicht aller Konzentrationslager und deren Gedenkstätten
https://www.gedenkstaetten-uebersicht.de/europa/cl/deutschland/inst/kz-gedenkstaette-sandhofenauss/offset/60/sort/name%20ASC/

Seite über das Schloss Schwetzingen mit tollen Informationen
https://www.schloss-schwetzingen.de/wissenswert-amuesant/dossiers/der-kurfuerst-und-voltaire

Seite des Leibniz Institutes Mannheim
https://www1.ids-mannheim.de

Seite über Menschen die Aussteigen wollen

https://www.amalie-mannheim.de/home/

Seite über Mannheims Natur (sehr Informativ und toll gemacht)
https://www.natuerlich-mannheim.de/2020/01/30/teil-2/https://www.natuerlich-mannheim.de/2020/01/30/teil-2/